W0086918

Wolfgang Fürweger

KHG

Die Grasser-Story

UEBERREUTER

Das säurefreie und alterungsbeständige Papier EOS liefert Salzer, St. Pölten
(hergestellt aus chlorfrei gebleichtem Zellstoff aus nachhaltiger Forstwirtschaft).

ISBN 978-3-8000-7527-0
Alle Rechte vorbehalten. Das Werk darf – auch teilweise –
nur mit Genehmigung des Verlages wiedergegeben werden.
Covergestaltung: Maria Schuster
Coverfoto: HELMUT FOHRINGER / APA / picturedesk.com
Copyright © 2012 by Verlag Carl Ueberreuter, Wien
Druck: GGP Media GmbH, Pößneck
7 6 5 4 3 2 1

Ueberreuter im Internet: www.ueberreuter.at

Inhalt

EINLEITUNG: Zu jung, zu schön, zu intelligent 7

TEIL I: DIE KARRIERE DES KARL-HEINZ GRASSER 13
Interview: Peter Westenthaler über KHG 15
1. Der Shootingstar 20
2. Der Finanzminister 29
3. Der Fondsmanager 46
Interview: Heinz-Christian Strache über KHG 56

TEIL II: DIE AFFÄREN DES KARL-HEINZ GRASSER 59
Interview: Peter Pilz über KHG 61
4. Die Homepage-Affäre 81
5. Die Buwog-Affäre 86
6. Die Eurofighter-Affäre 104
7. Der Steuersünder 114
8. Plagiatsvorwürfe 134
Interview: Florian Klenk über KHG 139

TEIL III: DAS LEBEN DES KARL-HEINZ GRASSER 145
Interview: Florian Scheuba über KHG 147
9. Das Netzwerk des KHG 150
10. Wie Karl-Heinz Grasser tickt 163
11. KHG und die Frauen 170
12. Die Wohnsitze des Glamour-Paares 186
Interview: Franz Vranitzky über KHG 195

EPILOG: Willkommen im Land der Diebe? 199
Lebenslauf 203
Personenregister 205

EINLEITUNG
Zu jung, zu schön, zu intelligent

Als Karl-Heinz Grasser mit seiner Lebensgefährtin Fiona Swarovski erscheint, bricht rund um die beiden ein Blitzlichtgewitter und Gedränge der Fotografen und Kameraleute los, wie man es sonst nur bei Showstars vom Kaliber eines Thomas Gottschalk oder später bei Opern-Göttin Anna Netrebko und ihrem Herzkönig Erwin Schrott erlebt. »Einmal zu mir schauen, bitte!« »Hierher, hierher!!!« »Und jetzt zu mir!« Die beiden beweisen auch wirklich Geduld und blicken die Front der Fotografen brav von links nach rechts und von rechts nach links ab. Auf dass ja jeder ein Foto bekommt, auf dem sie direkt in die Kamera lächeln. – Ich kann mich noch gut daran erinnern, wie ich bei den Salzburger Festspielen 2005 vor der Premiere von »La Traviata« einen Auftritt des damaligen Superstars der heimischen Innenpolitik und seiner glitzernden Partnerin erlebte. Und ich weiß auch noch, wie ich 1997 als damals blutjunger Redaktionsaspirant in einem Salzburger Altstadthotel den damaligen Kärntner Landeshauptmann-Stellvertreter Grasser zum ersten Mal bei einer Pressekonferenz erlebte und mich fragte: »Wie kann ein junger Mann, der kaum älter ist als ich, sich so anziehen und so tun, als wäre er ein alter Hase? Das passt doch nicht zusammen.«

»Der gut aussehende Kärntner gilt als Medienprofi, der seine Popularität mit den Mitteln des Boulevards geschickt zu steigern verstand«, schrieb *Der Spiegel* einmal über Karl-Heinz Grasser. Dieser hat in den vergangenen knapp 20 Jahren eine rasante und erstaunliche Entwicklung durchgemacht: Vom Mitglied in Jörg Haiders »Buberlpartie« wurde er rasch zum Jungstar der Politik. Als Finanzminister wurde er in neoliberalen Kreisen wie ein Guru und Heilsbringer bejubelt und spätestens in dieser Funktion auch zum Wunsch-Schwiegersohn Zehntausender Österreicherinnen. Die Boulevard- und Klatschmedien liebten ihn – allen voran: Österreichs größte Zeitung, die *Krone,* die noch immer die Macht hat, mit ihren Kampagnen Wahlen zu beeinflussen. Mit dem Beginn der Beziehung zu Kristall-Erbin Fiona Swarovski vollzog sich allmählich der Wandel vom Feschak aus Kärnten zum durchgestylten Metro-Mann.

Und schließlich wurde Grasser nach seinem Ausscheiden aus der Politik zuerst zum Society-Löwen und Manager und dann zu jenem Buhmann, den viele am liebsten hinter Gittern sehen würden. »Wann geht der Karl-Heinz endlich in Häfn?«, singen etwa die Wiener Liedermacher Christoph & Lollo auf ihrer CD *Tschuldigung.* Und Grasser wurde auch zum Kasperl, über den halb Österreich lacht, was er sich mit patscherten Auftritten vor allem selbst zuzuschreiben hat. Schließlich war er es selbst und niemand anderer, der zur Verteidigung seiner Person gegen all die negativen Berichte über mögliche Verwicklungen in Skandale in einer TV-Diskussion jenen berühmten Fanbrief vorlas, laut dem er zu jung, zu schön, zu intelligent, zu erfolgreich sei und daher im Kreuzfeuer der Kritik stehe. Sein schlechter Ruf eilt ihm mittlerweile über die Staatsgrenzen hinweg voraus. So bekam KHG auch in der *Süddeutschen Zeitung* sein Fett ab: »In Österreich ist der Mann längst zu einem Symbol geworden – für einen Teil der politischen Klasse, der stets den Weg des geringsten Widerstandes sucht, der immer nur auf den eigenen Vorteil bedacht ist, der öffentliche Ämter schamlos für Privates ausnutzt und der für nichts, aber auch für gar nichts zur Verantwortung gezogen werden kann. Er ist so etwas wie der österreichische Silvio Berlusconi.«

»Nicht überall, wo ein Skandal ist, ist ein Grasser drin.« Kaum ein Satz könnte die Stimmung in der jüngeren Vergangenheit gegenüber KHG besser zum Ausdruck bringen als jener seines Rechtsanwalts Manfred Ainedter. Entschlüpft ist ihm die denkwürdige Aussage in einem Interview mit der *Zeit im Bild* Anfang

2010. Damals hatte das Wirtschaftsmagazin *Format* berichtet, Grasser habe während seiner Zeit als Finanzminister Ende 2006 einen Genussschein der skandalgebeutelten Pleitebank *Hypo Alpe Adria* im Wert von 500.000 Euro gezeichnet und damit einen satten Gewinn erzielt. Ainedter hat natürlich recht: Grasser ist nicht an jedem Skandal beteiligt. Dennoch liest sich dieses Buch über den ehemaligen Politiker, Manager und Society-Liebling wie eine Chronik der großen österreichischen Politikaffären der vergangenen zehn Jahre: *Buwog*-Privatisierung, *Eurofighter*-Affäre, Pleite der *Hypo Alpe Adria* und *Meinl*-Affäre – nicht immer, aber immer öfter ist ein Grasser drin oder zumindest dabei. Und dabei ist er als ehemaliger Minister nicht allein. Mittlerweile hat die Justiz vier seiner Ex-Regierungskollegen im Visier: Ex-Innenminister Ernst Strasser (ÖVP), Ex-Vizekanzler Hubert Gorbach, Ex-Verkehrsminister Mathias Reichhold und Ex-Verteidigungsminister Herbert Scheibner (FPÖ/BZÖ).

Angesichts der Fälle, in denen es zum Teil um Milliarden Euro geht, nehmen sich Skandale und Skandälchen wie eine Förderung der Industriellenvereinigung für eine Grasser-Bejubelungs-Homepage, der schnelle Aufstieg einer sitzengelassenen Verlobten, ein paar Tausend vergessene Euro in der Steuererklärung oder der Transport von 500.000 Euro in bar über die Staatsgrenze geradezu als rührend aus. Die FPÖ habe die »Kunst der Staatskorruption zu neuen, ungeahnten Höhen geführt«, ätzte der Innenpolitik-Chef der *Salzburger Nachrichten* Andreas Koller einmal. Er meinte damit nicht nur, aber vor allem auch das System Grasser. Skandale pflastern seinen Weg – könnte man in Anlehnung an den legendären Italowestern »Leichen pflastern seinen Weg« mit Klaus Kinski sagen. Es ist dies einer der wenigen Streifen, in denen am Ende der Böse zufrieden von dannen reitet, nachdem er alle Guten umgebracht hat.

Ob Grasser am Ende mit seiner Fiona im Arm in den Sonnenuntergang jettet – ja, ob er überhaupt der Böse ist, für den ihn viele halten, wird die Zukunft zeigen. Inzwischen gilt die Unschuldsvermutung gemäß Paragraf 7b des heimischen Mediengesetzes.

Das ist an dieser Stelle nicht als leere Floskel oder gar bissige Ironie gemeint, wie sie in manchen Zeitungen und Magazinen zu lesen war, sondern wörtlich: Jeder Beschuldigte in einem Strafverfahren, und sei er noch so berühmt, reich, schön, intelligent oder erfolgreich, hat das Recht auf die beste Verteidigung und darauf, dass seine Schuld bewiesen werden muss und nicht er seine Unschuld beweisen muss.

Dieses Buch kann die verschiedenen Verdachtsfälle rund um KHG nicht aufklären. Wie sollte ich als einzelner Autor auch mehr zu leisten imstande sein als der gesamte Apparat der Justiz? Es fasst die einzelnen Aspekte der Affären zusammen und ordnet sie in einen Gesamtkontext ein. Und es zeichnet den beruflichen Weg und die wichtigen Stationen im Leben des Karl-Heinz Grasser nach. Nicht mehr und nicht weniger. Der Inhalt dieses Buches beruht auf der Durchsicht Tausender Meldungen, Berichte, Reportagen und Kommentare in Tageszeitungen, Magazinen und Agenturen, auf der Erfahrung aus mehr als 15 Jahren Journalismus, in denen ich auch an meinem Wohn- und Arbeitsplatz Salzburg unmöglich an Grasser vorbeikommen konnte, auf zahlreichen Hintergrundgesprächen mit Journalistenkollegen, Politikern bzw. politischen Mitarbeitern und Vertretern der Wirtschaft. Und zu guter Letzt sollen prominente Wegbegleiter und Beobachter – Freunde und Feinde – des Karl-Heinz Grasser zu Wort kommen, sodass sich am Ende ein rundes Bild über eine der bekanntesten und umstrittensten Personen der jüngeren österreichischen Geschichte ergibt.

Dass es in diesem Buch mehr Kritiker als Verteidiger gibt, ist nicht beabsichtigt, aber auch kein Zufall: Ich fand bis auf den ehemaligen FPÖ-Klubobmann im Parlament und langjährigen Grasser-Bekannten Peter Westenthaler niemanden, der für diesen Partei ergreifen wollte. Vor allem in der ÖVP scheint man peinlich darauf bedacht zu sein, am ehemaligen Finanzminister nicht mehr anzustreifen. Interview-Anfragen an mehrere führende ÖVP-Vertreter aus Grassers aktiver Politikzeit wurden entweder mehr oder weniger harsch abgelehnt oder erst gar nicht beantwortet. Natürlich hätte ich auch gerne Karl-Heinz Grasser selbst befragt und ihm die Chance gegeben, zu den Vorwürfen gegen ihn Stellung zu nehmen. Eine Interview-Anfrage hat der Ex-Minister aber nicht einmal beantwortet. – Dieses Buch sollte keine Anklage werden, wenn es eine geworden ist, so liegt das ausschließlich an den handelnden Personen.

Zum Schluss noch eine formale Feststellung: In den Affären rund um Karl-Heinz Grasser und seine Freunde tut sich laufend Neues. Weil nicht nur Zeitungen und Magazine einen Redaktionsschluss haben, sondern auch Verlage, kann dieses Buch nur die Entwicklungen bis zur Drucklegung Anfang November 2011 berücksichtigen.

Wolfgang Fürweger
Salzburg, Oktober 2011

TEIL I

Die Karriere
des Karl-Heinz Grasser

»Er war einfach ein guter Finanzminister«

Der ehemalige FPÖ-Klubobmann im Parlament Peter Westenthaler über Karl-Heinz Grasser.

Es heißt, Karl-Heinz Grasser sei als Finanzminister innerhalb der Regierung sehr abgehoben gewesen und habe sich mit dem Nimbus des Superstars umgeben. Wie haben Sie die Zusammenarbeit mit ihm in der Bundesregierung erlebt? War er abgehoben?
PETER WESTENTHALER: Nein, überhaupt nicht. Ich kann nur das Beste sagen. Ich habe mit ihm zweieinhalb Jahre als Klubobmann der größeren Regierungsfraktion zusammengearbeitet. Unsere Zusammenarbeit war intensiv, engagiert und sehr erfolgreich.

Wolfgang Schüssel hat einmal gemeint, Karl-Heinz Grasser sei der beste Finanzminister aller Zeiten gewesen. Würden Sie diesen Satz heute noch unterschreiben?
PETER WESTENTHALER: Absolut! Mit seinen jungen Jahren hat er in einer der wohl schwierigsten Phasen einer Regierungsbildung wesentlich mitgeholfen und unmittelbar danach ein Nulldefizit erwirtschaftet. Vom Fachlichen her kann man ihm überhaupt keinen Vorwurf machen, weil er einfach ein guter Finanzminister war. Das zeigt auch der Kampf, den die Linke dieses Landes bis heute gegen ihn führt. Die Motivation, ihn so zu bekämpfen und so gegen ihn zu kampagnisieren, liegt ausschließlich darin, dass er einen sozialdemokratischen Finanzminister abgelöst und die SPÖ dieses Finanzministerium als Erbpacht gesehen hat. Und plötzlich kam da ein junger, aufstrebender Politiker, der dieses Amt übernahm, kein Sozialdemokrat war und es noch dazu hervorragend führte. Deswegen verfolgt man ihn bis zum heutigen Tag, weil man ihm das übel nimmt. An seiner Amtsführung ist überhaupt nichts auszusetzen.

Glauben Sie, geht es den von Ihnen angesprochenen Gegnern Grassers auch darum, die mögliche Neuauflage einer Koalition von ÖVP und FPÖ zu verhindern?

PETER WESTENTHALER: Selbstverständlich! Das ist das Trauma der Sozialdemokratie und zum Teil der Grünen auch noch Jahre danach: Eine schwarz-blaue Regierung hat besser regiert als eine große Koalition. Das war zumindest für die beiden ersten Jahre der Fall, in denen ich dabei war und es selbst miterleben durfte. Wir haben ja in diesen ersten beiden Jahren in etwa zwei Drittel des Regierungsübereinkommens abgearbeitet und wesentliche Reformen auf den Weg gebracht, die sogar politisch Andersdenkende in der Bevölkerung positiv bewertet haben. Und wir haben gezeigt, dass eine andere Konstellation in diesem Lande möglich ist und erfolgreich arbeiten und wirtschaften kann. Die Sozialdemokratie und die Grünen haben Angst davor, dass so etwas wieder kommt. Und deshalb versucht man diese Phase von damals systematisch, mit medialen Verbündeten und allem Aufwand, den man zu leisten vermag, madig zu machen. Es werden Bücher geschrieben, in denen die Vertreter der damaligen politischen Generation als Diebe dargestellt werden, die Volksvermögen vernichtet haben. Wenn man diese Zeiten hingegen nüchtern analysiert und eine Bilanz zieht, ist diese positiv. Es ist natürlich nicht alles gut gewesen, aber die Bilanz ist halt positiv.

Was waren aus Ihrer Sicht die ganz großen Verdienste des Karl-Heinz Grasser als Finanzminister?

PETER WESTENTHALER: Er hat ein Nulldefizit geschafft, was ihm bis zum heutigen Tage niemand mehr nachgemacht hat. Und das in einer schwierigen finanziellen Situation. Man darf nicht vergessen, dass wir damals keinen Aufschwung oder Hochkonjunktur, sondern konjunkturelle Schwierigkeiten hatten. Und das noch dazu in einem europäischen Umfeld, in dem uns die EU unter einen Glassturz gestellt hat. Man darf ja die EU-Sanktionen nicht vergessen. Trotzdem hat er dieses Nulldefizit zustande gebracht, ohne dass weite Teile der Bevölkerung zur Kasse gebeten wurden.

Das war eine Meisterleistung. Und dann waren da auch noch zwei Steuerreformen, die die Bevölkerung um insgesamt drei Milliarden Euro entlastet haben. Dabei hatten wir von der sozialdemokratisch geführten Regierung ein Defizit und einen Schuldenberg übernommen, die eine einzige Katastrophe waren. Österreich war ja 1999 abgewirtschaftet aufgrund der jahrzehntelangen Führung durch die Sozialdemokratie. Es war eine schwarz-blaue Sanierungspartnerschaft, die wir gebildet haben, bei der Wolfgang Schüssel, Susanne Riess-Passer und Karl-Heinz Grasser an der Spitze standen.

Waren Sie persönlich böse oder enttäuscht von Grasser, als er die Seite zur ÖVP gewechselt hat?
PETER WESTENTHALER: Es obliegt jedem selbst, wie er sich politisch positioniert und was er beruflich macht. Also, ich war ihm persönlich sicher nicht böse. Es war aber mit Sicherheit eine Gratwanderung, die er mit dem Wechsel vollzogen hat. Das Angebot von Wolfgang Schüssel anzunehmen kann man kritisieren. Objektiv gesehen war es richtig, weil er eine weitere Periode Finanzminister war und für das Land arbeiten konnte. Und aus objektiver Sicht war es ja auch nicht Wolfgang Schüssel, der im Jahr 2002 die Wahl gewonnen hat. Eigentlich war es Karl-Heinz Grasser, der Wolfgang Schüssel und der ÖVP aufgrund seines Wechsels einen Riesenerfolg bescherte, weil er Tausende Wähler mitgenommen hatte.

Auch wenn Sie Karl-Heinz Grasser verteidigen: Es gibt in seinem Umfeld Dinge, die aufklärungsbedürftig sind. Etwa die Provision von 9,6 Millionen Euro im Zusammenhang mit der Buwog-Privatisierung. Kann man diese Dinge einfach wegwischen? Oder wurde er selbst von Personen aus seinem persönlichen Umfeld hintergangen?
PETER WESTENTHALER: Das kann ich nicht beurteilen, weil ich zu wenig nahe an der Sache war. Ich sehe nur die Fakten. Und diese sind: Auf der einen Seite gibt es seit mehreren Jahren eine Kampagne gegen den Ex-Minister, mit Vorwürfen, die schwerwiegend

sind, mit politischen Intrigen, mit medialen Feldzügen gegen ihn. Auf der anderen Seite steht die Unbescholtenheit. Es gibt keine Anklage und derzeit keinerlei objektivierbare Vorwürfe durch die Justiz. Die Fakten sagen mir, dass Karl-Heinz Grasser trotz jahrelanger Verfolgung auch durch die Behörden nicht Gegenstand einer Anklage ist und meiner Einschätzung nach auch nicht sein wird. Es werden auch immer wieder Unterlagen sehr bewusst an die Öffentlichkeit getragen. Ich kann aber bisher nicht erkennen, dass es hier eine rechtliche Grundlage für irgendeinen Vorwurf gibt. Die Vorwürfe, die bisher artikuliert wurden, sind von politischer Art und Weise und vom politischen Gegner. Solange nicht das Gegenteil bewiesen ist, habe ich keinen Grund, an der Unschuld zu zweifeln. Das ist in diesem Land einfach so.

Halten Sie persönlich eine Rückkehr Grassers in die Politik für möglich?
PETER WESTENTHALER: Ich würde es ihm nicht raten, weil die Politik in diesem Land derartig verludert ist und vom Image her am Sand ist. Die Politik ist derzeit in der Gosse angelangt. Wer auch nur in die Politik gehen will, muss sich unredliches Verhalten vorwerfen lassen. Man kann daher nur jedem abraten, in die Politik zu gehen. Und ich glaube auch nicht, dass er Interesse an einer Rückkehr hat.

Man unterstellt Politikern immer wieder, sie würden in die Politik gehen, um sich selbst Vorteile zu verschaffen oder um abzukassieren. Was, glauben Sie, waren Grassers Beweggründe?
PETER WESTENTHALER: Karl-Heinz Grasser habe ich als Referent im Parlamentsklub kennengelernt, ich habe mit ihm Tür an Tür zusammengearbeitet. Er war wie wir alle einer der jungen aufstrebenden Riege, die politisch hochinteressiert und auch schon in jungen Jahren sehr talentiert war. Karl-Heinz Grasser hatte es aufgrund seiner Herkunft nicht notwendig, in die Politik zu gehen, damit er Geld verdient. Jeder hat damals gewusst und weiß es auch heute, dass man in der Politik nicht das Geld verdient, das man mit demselben Einsatz in der Privatwirtschaft verdienen

kann. Es war vielmehr die Motivation, für das Land etwas zu machen und in der Politik einige Zeit lang etwas zu bewirken. Es war uns allen bewusst, dass man das nicht das ganze Leben machen kann. Ich hatte nie den Eindruck, dass Karl-Heinz Grasser aus anderen Motiven in die Politik gegangen ist.

1.
Der Shootingstar

Im Juni 1987 waren Mama und Papa Grasser mächtig stolz: Ihr Sohn hatte soeben die Matura mit Auszeichnung bestanden. Und sie sollten weiterhin allen Grund haben, bewundernde Blicke auf ihren Karl-Heinz zu richten. Der absolvierte nämlich an der Universität Klagenfurt auch das Studium der Betriebswirtschaftslehre in der Mindestdauer von zehn Semestern. Bundesheer oder Zivildienst blieben dem Sohn aus wohlhabendem Hause erspart. Er wurde nämlich 1993 wegen eines Magenleidens auf Dauer für untauglich erklärt. Das sollte ihn aber weder bei seiner weiteren Karriere behindern, noch bei sportlicher Aktivität – wie die zahlreichen Bilder auf seiner späteren Homepage www.karlheinzgrasser.at bewiesen, die ihn beim Sport zeigten.

Grasser stammt aus einem stramm nationalkonservativen Haus. Seine Eltern waren der FPÖ und deren charismatischem Parteichef Jörg Haider immer zugetan gewesen und gehörten zur Kärntner Oberschicht. Da war es dann kein Zufall, dass Grasser 1992 Haider auch persönlich kennenlernte. Dieser umgab sich damals gerne mit gut aussehenden und politisch talentierten jungen Männern und erkannte auf Anhieb das Potenzial des frisch gebackenen Magisters.

VOM BUBI ZUM LANDESVIZE

Von da an ging es steil bergauf: Haider nahm den jungen Kärntner in seine »Buberlpartie« auf und machte ihn zum wissenschaftlichen Mitarbeiter und Fachreferenten für Tourismuspolitik im

FPÖ-Nationalratsklub und bald darauf zu seinem persönlichen Grundsatzreferenten. Grasser verließ damals sein vertrautes Kärnten zum ersten Mal für längere Zeit und übersiedelte beruflich nach Wien, wo er auch heute seinen Lebensmittelpunkt hat. Im Parlamentsklub und an Haiders Seite leistete er so gute Arbeit, dass er bereits im August 1993 zum Geschäftsführer der freiheitlichen Akademie und neben Walter Meischberger und Herbert Scheibner zum dritten, gleichberechtigten Generalsekretär der Bundes-FPÖ ernannt wurde.

Meischberger hatte ursprünglich als Mineralöl-Händler und Pächter zweier Tankstellen sein Geld verdient. 1989 wurde er zuerst Bundesgeschäftsführer und dann Generalsekretär der FPÖ; er sollte das bis 1995 bleiben. Er kannte Haider bereits seit 1987 und gilt damit als »Ur-Buberl«. Scheibner stieß 1988 zur FPÖ, anfangs als Schulungsreferent und Büroleiter im Generalsekretariat. Ab 1989 war er auch Bundesobmann der Freiheitlichen Jugend. Er war 1992, also rund ein Jahr vor Grasser, Generalsekretär geworden, sollte das so wie Meischberger bis 1995 bleiben und saß dann ab dem Jahr 2000 als Verteidigungsminister neben Grasser in der Bundesregierung. Seit der gemeinsamen Zeit im Generalsekretariat der FPÖ besteht eine enge Männerfreundschaft zwischen Grasser und dem um knapp zehn Jahre älteren Tiroler Meischberger. Dieser wurde später Trauzeuge des Finanzministers, dessen Berater und könnte nun in der *Buwog*-Affäre auch dessen Sargnagel werden.

Im Oktober 1994 entsandte Haider den gerade erst einmal 25-jährigen Grasser als Landeshauptmann-Stellvertreter in die Kärntner Landesregierung, wo seine Freiheitlichen den ÖVP-Politiker Christof Zernatto erneut zum Landeschef gewählt hatten. Wenn man es im Nachhinein so sehen will, war das ein Probelauf dafür gewesen, was sich sechs Jahre später im Bund abspielen sollte: Zernatto war 1991 mithilfe der SPÖ in Form eines fliegenden Wechsels zum Landeshauptmann gewählt worden. Zuvor hatten SPÖ und ÖVP Haider nach dessen Aussage von der »ordentlichen Beschäftigungspolitik im Dritten Reich«, die er bei einer Landtagsdebatte gemacht hatte, per Misstrauensantrag abgesetzt.

Bei der darauf folgenden Landtagswahl, die trotz des Wechsels an der Spitze der Landesregierung im März 1994 regulär am Ende der fünfjährigen Legislaturperiode stattfand, fuhr Zernatto mit 23,8 Prozent ein eher bescheidenes Ergebnis ein. Die SPÖ wurde trotz schwerer Verluste von mehr als 8 Prozent mit 37,37 Prozent noch einmal stärkste Partei, die FPÖ landete mit 33,27 Prozent auf Platz zwei. SPÖ und FPÖ konnten sowohl aus alter landespolitischer Feindschaft als auch aus bundespolitischer Räson nicht miteinander koalieren. Daher war die ÖVP der lachende Dritte im doppelten Sinne des Wortes. Dieses Mal ließ sich Zernatto von den Freiheitlichen zum Landesfürsten küren.

Kärnten wurde allerdings trotz der ÖVP-FPÖ-Koalition von einer Proporzregierung gelenkt, in der allen Parteien nach Maßgabe ihrer Stimmen Regierungssitze zustanden. Daher war hinter Zernatto der SPÖ-Vorsitzende und ehemalige Gesundheitsminister Michael Ausserwinkler erster Landeshauptmann-Stellvertreter und damit zweiter Mann im Lande. Ausserwinkler hatte sich mit seinen Antiraucher- und Antialkoholkampagnen in Wien nicht nur Freunde gemacht und war daraufhin nach Kärnten »befördert« worden. Grasser übernahm im November 1994, als zweiter Landeshauptmann-Stellvertreter, die Ressorts Fremdenverkehr, Wirtschaft, Verkehr und Hochbau. Damit er überhaupt in die Regierung einziehen konnte, musste ihm der bisherige blaue Frontmann in der Landesregierung, Mathias Reichhold, Platz machen. Dieser war einer der treuesten Diener Haiders und Landesvize geworden, nachdem SPÖ und ÖVP seinen Chef 1991 aus der Regierung geworfen hatten. Bei der Angelobung hatte er noch artig erklärt, welche Ehre es für ihn sei, Platzhalter für Jörg Haider sein zu dürfen. Nun wurde er kurzerhand ins Parlament nach Wien abgeschoben.

Der Landwirt sollte auch später noch den Lückenbüßer für die FPÖ abgeben: 2002 wurde er für ein Jahr Nachfolger der glücklosen Verkehrsministerin Monika Forstinger und nach dem

Rücktritt von Parteichefin Susanne Riess-Passer sogar kurz Parteiobmann. »Ich stehe hier, weil Jörg Haider entschieden hat, nicht zum Parteiobmann zu kandidieren«, sagte er damals zu seiner Motivation. Bereits nach 40 Tagen löste ihn Herbert Haupt ab. Reichhold zog sich im Frühjahr 2003 »aus gesundheitlichen Gründen«, wie es offiziell hieß, im Alter von 46 Jahren auf seinen Biobauernhof zurück. Dort gesundete er so rasch, dass er schon kurze Zeit später beim *Magna*-Konzern von Frank Stronach anheuern konnte, bei dem zuvor auch schon Grasser gewesen war. Mitte 2006 wurde Reichhold Vorstand der Autobahngesellschaft *Asfinag*. Auch diesen Job hatte er nicht lange: Nach nur eineinhalb Jahren trat der *Asfinag*-Vorstand geschlossen zurück. Als Trostpflaster gab es 720.000 Euro Abfertigung für Reichhold. Im Spätsommer 2011 machte der Kurzzeit-Parteichef noch einmal Schlagzeilen, als er beim Auffliegen des *Telekom*-Skandals als einer jener Ex-Politiker geoutet wurde, die über den Lobbyisten Peter Hochegger Geld von der *Telekom* erhalten hatten.

An Grassers Seite zog im November 1994 Elisabeth Sickl als zweite FPÖ-Vertreterin in die Landesregierung ein. Sie löste Jörg Freunschlag ab, der Zweiter und ab 1999 Erster Präsident des Kärntner Landtags wurde. Sickl wurde später kurzzeitig auch bundesweit bekannt: Sie saß von Februar bis Oktober 2000 als glücklose Sozialministerin an der Seite von Grasser in der Bundesregierung.

Haiders Shootingstar hinterließ im alltäglichen Geplänkel der Landespolitik keine allzu bleibenden Eindrücke und vollbrachte auch keine großartigen Wohltaten, von denen man eineinhalb Jahrzehnte später noch reden würde. Aber er machte dennoch zweimal bundesweit Schlagzeilen: Im Februar 1997 erteilte er seinen Beamten die Weisung, »öffentliche Aufträge nur noch an Baufirmen zu vergeben, die ausschließlich heimische oder Arbeiter aus EU-Ländern beschäftigen«. Angesichts der hohen Arbeitslosigkeit auf dem Bau müssten einheimische Arbeiter gegenüber Ausländern bevorzugt werden, führte Grasser als Begründung an.

Die Weisung war vor allem politisch motiviert und sollte landes- und bundesweit tief in die bis dahin tiefrote Klientel der Bauarbeiter hinein wirken. Die SPÖ betrieb damals unter ihrem Vorsitzenden Franz Vranitzky gegenüber der FPÖ eine konsequente Politik der Ausgrenzung und forderte den sofortigen Rücktritt Grassers – freilich ohne Erfolg. Auch außerhalb der SPÖ gab es einen lauten Aufschrei und Protest. Der blaue Landesvize musste seine Weisung unter dem massiven öffentlichen Druck nach nur elf Tagen wieder zurücknehmen. Sie war in dieser Zeit nur in zwei Ausschreibungen berücksichtigt worden und kein einziges Mal zum Tragen gekommen. Dennoch standen Grasser und die FPÖ als politische Sieger da, da sie sich als glaubhafte Kämpfer für die fleißigen und anständigen österreichischen Arbeiter präsentieren konnten.

DER ERSTE BRUCH MIT HAIDER

Im Sommer 1997 folgte der zweite Auftritt Grassers, der bundesweit Schlagzeilen machte: Bei einem Sommergespräch mit dem ORF demonstrierte er, dass er sich nicht als willfähriger Diener Haiders sah, so wie das vor ihm Reichhold gewesen war. Selbstbewusst kündigte der damals 28-Jährige an, bei der Landtagswahl 1999 Landeshauptmann werden zu wollen. »Mein Ziel ist immer die Landespolitik gewesen«, sagte er. Den Satz glaubte ihm schon damals kaum jemand. Haider war aber brüskiert, denn schließlich war dieser Vorstoß nicht mit ihm abgesprochen gewesen. Dazu kam, dass Grasser es gewagt hatte, seinem Chef Forderungen zu stellen. Damit er als Spitzenkandidat antrete, müssten zwei Voraussetzungen stimmen, erklärte Grasser: die Unterstützung durch Bundes- und Landesparteiobmann Jörg Haider und die Freiheit, sich sein eigenes Team aussuchen zu können. Tatsächlich trat bei der Kärntner Landtagswahl 1999 Jörg Haider selbst als Spitzenkandidat der FPÖ an, holte mit 42,09 Prozent Platz eins und wurde mit den Stimmen seiner Freiheitlichen im Landtag zum zweiten Mal nach 1989 zum Landeshauptmann gekürt. SPÖ und ÖVP wollten ihn nicht wählen, aber auch den deutlichen Willen der Kärntner Bevölkerung nicht negieren. Also hatten sie vor der Abstimmung den Sitzungssaal verlassen.

Vor dem Hintergrund von Haiders Ambitionen in Kärnten wird klar, warum das Verhältnis zwischen ihm und seinem Zauberlehrling Grasser deutlich abkühlte, nachdem dieser öffentlich Anspruch auf die Führung im Bundesland erhoben hatte. Anfang Jänner 1998 wagte es Grasser dann sogar, Haider öffentlich zu kritisieren. Der FPÖ-Chef hatte zuvor beim Neujahrstreffen in Graz eine heftige Schelte an den eigenen Funktionären vom Stapel gelassen. Grund waren einige Affären in der schnell gewachsenen Partei, die bei der Wahl ihrer Repräsentanten bisweilen recht unglücklich agiert hatte. Grasser kommentierte das gegenüber dem *profil* mit den berühmten Worten: »Jörg Haider ist zurzeit nicht besonders motiviert.« Ganz im Gegenteil! Dieser war plötzlich höchst motiviert, an Grassers Stuhl in der Landesregierung zu sägen.

Der eigentliche Tropfen, der das Fass zum Überlaufen brachte, soll die Umwidmung eines Grundstücks am Wörthersee gewesen sein, das *Magna*-Gründer Frank Stronach gehörte. Das behaupteten damals zumindest FPÖ-interne Gerüchte. Die Umwidmung war Angelegenheit der Landesregierung und sollte im Umlauf beschlossen werden: Der Akt wanderte durch alle Regierungsbüros und jeder Ressortchef sollte durch seine Unterschrift sein Okay kundtun. Grasser habe mit seiner Zustimmung gewartet, bis sein Parteichef Haider, der ständig alles mitbekam, was in der Regierung passierte, auf Urlaub war. Haider fühlte sich hintergangen und fing an, Grasser immer mehr unter Druck zu setzen. Dieser war in Kärnten 1994 mit dem Schwung eines 25-Jährigen angetreten. Plötzlich sah er sich mit Nadelstichen aus Haiders Umfeld konfrontiert. Dazu kam ein zermürbender täglicher Kleinkrieg mit der SPÖ in der Landesregierung, die nie verwunden hatte, dass sie nun nicht mehr den Landeshauptmann stellte, so wie sie das vor Haiders erster Kür 1989 in Kärnten seit Kriegsende stets getan hatte.

Am 3. Juni 1998 erklärte Grasser frustriert seinen Rücktritt als Landeshauptmann-Stellvertreter und rechnete gegenüber der *Kleinen Zeitung* mit der Landespolitik und vor allem mit der FPÖ ab: Er habe sich von seiner Partei »langsam immer mehr entfremdet«. Außerdem »wollte ich nie mit vierzig ein politischer Versorgungsfall in einem halböffentlichen Amt sein«. Sechs Jahre lang habe er 100 Stunden pro Woche gearbeitet, was sich schließlich nicht gerechnet habe, »weil das parteipolitische Hickhack, wie es bei uns betrieben wird, unzufriedenstellend ist«. Auch sein bisheriger politischer Ziehvater bekam sein Fett ab: »Haider muss die Kraft haben, einen wesentlich konstruktiveren Kurs zu gehen, als das zuletzt der Fall war.« Die FPÖ habe immer gesagt, »wir können es besser, wir sind anders. Jede politische Äußerung müsste nach dem Nutzen für die Bevölkerung hinterfragt werden. Doch davon hat sich die Politik in ganz Österreich und leider Gottes auch die FPÖ weit entfernt.« Grassers Nachfolger als Landeshauptmann-Stellvertreter wurde übrigens sein Vorgänger: Mathias Reichhold. Er sollte nur bis zur Wahl im März 1999 im Amt bleiben.

ZWISCHENSPIEL BEI MAGNA

Der Rücktritt war aus heiterem Himmel gekommen. Zumindest wurde es damals medial so dargestellt. Ganz so unerwartet war er freilich nicht gewesen. Denn schon vier Wochen später trat Grasser einen Job bei Stronach an, womit sich seine internen Gegner in der FPÖ bestätigt sahen. Diese hatten dem Landeshauptmann-Stellvertreter vorgeworfen, sich in Richtung *Magna* absetzen zu wollen. Die Umwidmung des Seegrundstücks sei eine Vorleistung für ein späteres Engagement im Stronach-Konzern gewesen. Mit seinem neuen Chef dürfte Grasser bereits vor seinem Rücktritt zumindest informell zu verhandeln begonnen haben.

Stronach war 1932 als Franz Strohsack in Kleinsemmering bei Weiz (Steiermark) geboren worden und hatte einen der größten Autozulieferbetriebe Nordamerikas aufgebaut. Mitte der Achtzigerjahre kam er zurück nach Österreich und siedelte hier die Zentrale der *Magna International Europa AG* an. Schlagzeilen machte er damals mit seinem Engagement im Fußball und den letztlich gescheiterten Plänen für einen Vergnügungspark an der Wiener Stadtgrenze mit einer 200 Meter großen Weltkugel als Attraktion. Grasser wurde im englischsprachigen *Magna*-Konzern »Vice President« und war zuständig für »Human Resources and Public Relations« – auf gut Deutsch war er Personalchef und Pressesprecher. Jörg Haider tobte – zumindest öffentlich – und bezeichnete Grassers Wechsel zu *Magna* als »Teil einer Generaloffensive gegen die FPÖ«. Es solle offensichtlich das »Aufbauwerk von einem Jahrzehnt zerschlagen« werden. Grasser habe sich instrumentalisieren lassen.

Auch im Privatleben des frisch gebackenen Ex-Politikers gab es damals einige Turbulenzen: 1998 wurde die erste (Kurzzeit)Ehe des damals 29-Jährigen geschieden – mehr dazu im Kapitel »KHG und die Frauen«. Ab 1999 war Grasser zusätzlich zu seiner Vorstandsfunktion bei *Magna Europa* Geschäftsführer der Firma *Sport Management International (SMI)*, in der Stronach die Sportaktivitäten seines Konzerns gebündelt hatte. Dieser hatte im selben Jahr die Präsidentschaft der österreichischen Fußballbundesliga übernommen, die er bis 2005 innehatte; im Jahr 2000 sollte er in Hollabrunn eine nach ihm benannte Fußball-Akademie gründen.

Der Management-Posten dürfte Grasser trotz des interessanten und breiten Aufgabengebiets nicht ganz ausgefüllt haben. Dazu kam wohl auch die Sehnsucht nach jener Aura der Macht, die er in der Politik kennen- und bewundern gelernt und zum Teil bereits selbst genossen hatte. Schon im April 1999 ließ er die Öffentlichkeit via *Austria Presse Agentur (APA)* wissen, er stehe einer Rückkehr in die Politik nicht abgeneigt gegenüber: Wirtschafts- oder Finanzminister wäre schon ein reizvolles Amt, diktierte der *Magna*-Manager in einem Interview. Das war eigentlich ein Affront seinem Arbeitgeber gegenüber. Ob Grasser sich dessen bewusst war, kann angesichts des diplomatischen »Geschicks«, das er vorher gezeigt hatte, getrost bezweifelt werden. Jedenfalls be-

richten Kenner der damaligen FPÖ, in der Partei habe die Wort-
meldung einiges Stirnrunzeln hervorgerufen. Grasser soll damals
nämlich nicht einmal inoffiziell seine Fühler wieder in Richtung
FPÖ und Jörg Haider ausgestreckt haben. Seine innerparteilichen
Gegner unterstellten ihm schon in dieser Zeit, Grasser wollte eigentlich nicht wieder an die FPÖ, sondern vielmehr an die ÖVP
andocken. Und auch ÖVP-Vertreter meinten nach dem offiziellen
Parteiwechsel im Jahr 2002 hinter vorgehaltener Hand, man habe
Grasser ja schon einmal fast gehabt. Wie auch immer: Wenige
Wochen später kehrte er als Kandidat der FPÖ für die National-
ratswahl am 3. Oktober 1999 zurück.

2.

Der Finanzminister

»Ein guter Tag beginnt mit einem sanierten Budget.« Als Karl-Heinz Grasser im Herbst 2001 seine Budgetrede im Parlament mit diesem Satz begann, hatte er seinen Zenit erreicht. Der jüngste Finanzminister aller Zeiten konnte etwas verkünden, was zuletzt in den Sechzigerjahren gelungen war: Der Staat sollte im kommenden Jahr erstmals keine neuen Schulden machen. Damit wollte sich die Koalition aus ÖVP und FPÖ deutlich von den großen Koalitionen aus SPÖ und ÖVP abheben, die seit 1987 Österreich regiert hatten und zum Synonym für politischen Stillstand geworden waren. Unter dem Motto »Speed kills«, das der damalige ÖVP-Klubobmann und spätere Nationalratspräsident Andreas Khol ausgegeben hatte, ging die selbst ernannte Wende-Regierung daran, den Reformstau der Ära der Stagnation zu beenden. Zumindest war das ihr erklärtes Ziel. Mit »Speed kills« hatte Khol gemeint, das Tempo der Reformen spiele die Opposition an die Wand und lasse ihr keine Chance zur Erholung. Tatsächlich sollte dann aber die Regierung an ihrer eigenen Reformgeschwindigkeit zerbrechen.

Aber wie war Grasser eigentlich Minister geworden? Rückblick: Die Nationalratswahl im Herbst 1999 hatte zwar nicht das von vielen erwartete politische Erdbeben gebracht, aber doch eine relativ gewichtige Wählerverschiebung. Die SPÖ blieb trotz eines Verlusts von 5 Prozent der Stimmen mit 33,1 Prozent die Nummer eins. Die ÖVP verlor zwar nur 1,4 Prozent und hielt bei 26,9 Prozent, fiel aber mit einem Rückstand von 415 bei insgesamt knapp 4,7 Millionen abgegebenen Stimmen knapp hinter die FPÖ auf Platz drei zurück. Im Vorfeld hatten Meinungsforscher dem bis dahin kleineren Partner in der Regierung weitaus höhere Verluste vorausgesagt. Daraufhin hatte Parteichef und Vizekanzler Wolfgang Schüssel erklärt, die Volkspartei gehe in Opposition, sollte sie hinter die FPÖ zurückfallen.

Nach der Wahl sah es schnell ganz anders aus. Rasch war die Rede von zwei zweiten Plätzen, da ja die ÖVP praktisch gleichauf mit der FPÖ ins Ziel gekommen sei. Und so verhandelte Bundeskanzler und SPÖ-Chef Viktor Klima mit Schüssel bald offiziell über eine Fortsetzung der nicht mehr ganz so großen Koalition. Die Gespräche zogen sich in die Länge und scheiterten schließlich. Im Nachhinein wurde als Grund dafür oft die Weigerung der SPÖ genannt, das Finanzministerium an die ÖVP abzutreten. Dabei handelte es sich aber bestenfalls um das Symptom einer viel tiefer liegenden Vertrauenskrise zwischen den beiden traditionellen Großparteien. Eine Koalition mit der FPÖ war für Klima undenkbar, schließlich hatte sich seine Partei seit Jahren vor allem über die Gegnerschaft zu Jörg Haider definiert und diesen konsequent ausgegrenzt.

Während Bundespräsident Thomas Klestil den SPÖ-Vorsitzenden beauftragte, mit anderen Parteien über die Bildung einer Minderheitsregierung zu verhandeln, brachten Schüssel und Haider in Windeseile Koalitionsverhandlungen unter Dach und Fach. Dabei war stets klar gewesen, dass Haider nicht selbst Teil der Regierung sein konnte. Er war der Gottseibeiuns des gesamten linken politischen Spektrums in Europa. »Should Europe fear this Man?« – Sollte Europa diesen Mann fürchten? Mit dieser Schlagzeile brachte er es am 14. Februar 2000 sogar auf das Cover des amerikanischen *Time Magazine*. Und ohne dass Schüssel vom Bundespräsidenten den Auftrag erhalten hatte, eine Regierung zu bilden, präsentierten ÖVP und FPÖ Anfang Februar 2000 ihr Regierungsprogramm und ihre Minister. Für die FPÖ übernahm die damals noch stellvertretende Parteichefin Susanne Riess-Passer das Amt der Vizekanzlerin. Klestil musste das Kabinett wohl oder übel angeloben und tat dies am 4. Februar 2000 mit demonstrativer Leichenbittermiene. Viktor Klima erklärte seinen Rücktritt als SPÖ-Vorsitzender und machte den Weg für Alfred Gusenbauer frei. Aber das ist eine andere Geschichte.

Der Aufschrei war wegen des Eintritts der von vielen als rechtsextrem empfundenen FPÖ in die Regierung in ganz Europa groß. Bei der Reaktion auf die Kritik aus dem Ausland ging am Rande einer Feier mit Jörg Haider wieder einmal die Zunge durch: Er nannte in einem ORF-Interview den französischen Präsidenten Jacques Chirac einen »Westentaschen-Napoleon«. In Richtung Belgien, wo es zuvor den Skandal um den Kinderschänderring rund um Marc Dutroux und vier tote Kinder und Jugendliche gegeben hatte, polterte Haider: »Wir verlangen ja auch nicht die Ablösung einer korrupten belgischen Regierung, die Kinderschänder pardoniert und gegen die Eltern auf die Straße gehen, weil sie Angst haben müssen, dass die Regierung mit Verbrechern konspiriert.« Die Rechnung aus Europa kam prompt. Zum bislang einzigen Mal verhängte die EU Sanktionen gegen ein Mitgliedsland: Es sollte keine offiziellen bilateralen Kontakte zwischen einzelnen EU-Staaten und Österreich geben. Österreichische Bewerber konnten in internationalen Organisationen nichts werden. Und österreichische Botschafter würden in den EU-Staaten nicht mehr nach dem diplomatischen Protokoll, sondern nur noch »auf technischer Ebene« empfangen.

VON DER ZWEITEN WAHL ZUM »MR. NULLDEFIZIT«

Die Rahmenbedingungen für die neue Regierung waren also nicht gerade ideal. Umso wichtiger war es in den Augen von ÖVP und FPÖ, rasch Erfolge vorweisen zu können. Grasser hisste damals zum Start der Wende-Regierung den Begriff des »Nulldefizits« als politisches Fahnenwort, an dem Freund und Feind seine Politik und Handschrift erkennen sollten. Dem Erreichen dieses ersten großen Etappenziels ordnete er, aber auch die gesamte Regierung alles andere unter. Tatsächlich schien dieses für 2002 veranschlagte Nulldefizit eine herausragende wirtschaftspolitische Leistung zu sein. Grasser wurde dafür in Unternehmenskreisen gefeiert wie ein Guru. Die Weltwirtschaft war damals gerade dabei, das Platzen der Internetblase vom März 2000 zu überwinden. Die Auswirkungen der zusammengebrochenen Spekulationsgeschäfte rund um die Dotcoms hatten auch Österreich erreicht. Umso mehr wurde ein junger, dynamischer Finanzminister begrüßt, der eine neue Ära in der Wirtschaftspolitik einleiten sollte.

Dabei war Grasser nur Haiders zweite Wahl gewesen. Bundespräsident Klestil hatte nämlich als Zeichen des Protests gegen die von ihm ungeliebte neue Regierung zwei Namen von der vorgeschlagenen Ministerliste gestrichen: den Wiener FPÖ-Obmann und bekannten Polit-Rabauken Hilmar Kabas, der Verteidigungsminister hätte werden sollen, und Haiders Wunsch-Finanzminister, den Industriellen Thomas Prinzhorn, der auch offizieller Spitzenkandidat im Wahlkampf gewesen war. Damit brachte Klestil die FPÖ unter Zugzwang. Schließlich war die Regierungsbildung schon verkündet, da konnte das Schlüsselministerium für Finanzen nicht vorläufig unbesetzt bleiben. »Wir waren damals unter wahnsinnigem zeitlichem Druck«, erinnerte sich Haider später gegenüber BZÖ-Staatssekretär Eduard Mainoni an die damalige, aus seiner Sicht dramatische Lage.

Der FPÖ-Obmann wollte »seine« Regierung als modern und dynamisch präsentieren und rief als Ausweg kurzfristig, und ohne lange in der Partei Rücksprache zu halten, Grasser an. »Es war Jörg Haider, der ihn ausgewählt hat«, bestätigte mir auch der damalige FPÖ-Klubobmann Peter Westenthaler. Haider erzählte später, Grasser habe sich am Telefon mehrmals für seine Verfehlungen als Landeshauptmann-Stellvertreter entschuldigt und ihm hundertprozentige Loyalität versichert.

Der langjährige Haider-Sprecher Stefan Petzner bestätigte mir den Wahrheitsgehalt des Gerüchts, wonach Grasser später zusätzlich sogar einen handschriftlichen Brief desselben Inhalts an Haider geschickt habe. »Das ist bezeichnend für Grasser: dass er zuerst diesen rührseligen Brief schrieb und dann zur ÖVP wechselte«, meinte Petzner.

Nichtsdestotrotz machte Grasser am Beginn seiner Tätigkeit seinen Job in den Augen der meisten neutralen Beobachter gut: Den Sanktionen der EU stellte Österreich das »Kampfflächeln« seiner Außenministerin Benita Ferrero-Waldner (ÖVP) und den Charme des jungen Finanzministers entgegen. Ein altgedienter Politikredakteur, der nie ein Freund Grassers war, erinnerte sich an dessen »fulminantes Auftreten« beim ersten EU-Gipfel in Lissabon im März 2000. Damals habe Grasser nicht nur die gesamte internationale Presse, sondern auch seine Amtskollegen tief beeindruckt.

Als sichtbares Zeichen seines Ziels vom Nulldefizit ließ Grasser in der Kärntner Straße ein Portal errichten, auf dem in Leuchtanzeigen die Höhe der Staatsschulden und des Schuldenabbaus angezeigt wurden. Die Idee dazu hatte er sich in New York abgeschaut. Allerdings stand hinter Grassers Nulldefizit genauso eine leere Blase wie hinter den Dotcoms kurz davor. Es existierte nur auf dem Papier und war nur möglich geworden, weil Grasser als einziger Finanzminister der EU inmitten einer wirtschaftlichen Flaute weiter an der Steuer- und Abgabenquote schraubte, die ohnehin schon eng angezogen war. Ich erinnere mich noch gut an einen schier verzweifelten Ausspruch eines mir bekannten und leider viel zu früh verstorbenen Unternehmers: »Lange werden wir uns diesen Finanzminister nicht leisten können.«

Auch die Einführung von Studiengebühren an den heimischen Universitäten im Jahr 2001 ist vor diesem Hintergrund zu sehen. Die Abgabenquote – jener Anteil des Gesamteinkommens der Bevölkerung, den sich der Staat von seinen Bürgern holt – kletterte auf den Rekordwert von 46,5 Prozent. Grasser wurde damit bereits in seinem zweiten Jahr in der Bundesregierung zum bis dahin teuersten Finanzminister Österreichs. Zum Vergleich: Im Jahr 2010 betrug die Abgabenquote laut Statistik Austria 42,1 Prozent und war damit um einiges geringer als am Beginn von Grassers Amtszeit. Erst mit einer Steuerreform, die in den Jahren 2004 und 2005 in zwei Etappen umgesetzt wurde, bekamen die Steuerzahler wieder einen Teil jenes Geldes zurück, das der Staat zuvor vermehrt eingenommen hatte. Profiteure waren aber in erster Linie Unternehmen. Zusätzlich zu den höheren Steuern und Abgaben wurden zum Teil auch Verwaltungskosten eingespart, um das Nulldefizit zu erreichen. In erster Linie wurde aber staatliches Vermögen zu Bargeld gemacht: So fiel die Teilprivatisierung der *Austria Tabak* in diese Zeit. Die langfristige Folge dieses Verkaufs: 2011 wurde die letzte Zigarettenfabrik in Österreich geschlossen. Später wurden auch die *Voestalpine*, Anteile an der *Telekom Austria* und die Bundeswohnungsgesellschaft *Buwog* verkauft.

Zudem ließ Grasser im Zuge der Einführung des Euro als Bargeld am 1. Jänner 2002 die Nationalbank Devisen- und Goldreserven verkaufen. Das Geld kassierte er für sein Budget: In den Jahren von 2001 bis 2003 zahlte die Nationalbank jeweils 950 Millionen Euro an den Bund – doppelt so viel wie im langjährigen Schnitt davor. Nach dem jahrelangen Stillstand unter den rot-schwarzen Regierungen der späten Achtziger- und Neunzigerjahre wurde das aber in Kauf genommen. »Damals waren Maßnahmen wie ein Sparpaket populär, und es wurde anerkannt, dass staatliche Eingriffe zurückgenommen wurden«, analysierte der Politikwissenschaftler Peter Filzmaier später im *ORF*. Die Hauptsache war: Es tat sich irgendetwas.

Schon wenige Monate später wurden aber die vollmundige Ankündigungspolitik und die prognostizierten Zahlen des »Hinze«, wie Grasser in dieser Zeit von seinem Umfeld genannt wurde, von der Realität eingeholt: Das Nulldefizit ließ sich trotz aller Anstrengungen nicht realisieren. Seine Parteichefin und Vizekanzlerin Susanne Riess-Passer – zur Erinnerung: Grasser war damals noch bei der FPÖ – tat ab Ende Mai 2002 das, was österreichische Politiker am besten können: Erfolge herbeireden. Dem verdutzten Fernsehpublikum in der *Pressestunde* des *ORF*-Fernsehens erklärte sie, eine Null vor dem Komma bedeute schon ein Nulldefizit. Schließlich könne nicht jedes Budget eine »Punktlandung« hinlegen.

Der Unterschied zwischen 0,0 und 0,9 Prozent Defizit machte im Jahr 2002 knapp 2,2 Milliarden Euro an neuen Staatsschulden aus. So eine Kleinigkeit wurde dem laut Kanzler Wolfgang Schüssel »besten Finanzminister aller Zeiten« in Höchstform und auf dem Höhepunkt seiner Beliebtheit aber gnädig nachgesehen. Auch dass Grasser das Schlagwort vom »Nulldefizit« bereits im Jahr 2002 wieder in der politischen Mottenkiste versenkte, war nichts, was ernsthaft an seinem Image kratzte. Ein Verdienst kann sich Grasser bei aller Kritik und bei allen Affären, die später aufflogen, jedoch anrechnen: Er hatte wieder den Gedanken ins Bewusstsein der Wähler gerückt, dass sich ein Staat nicht endlos verschulden kann. Tatsächlich stand Österreich unter Finanzminister Grasser und kurz danach finanziell besser da als die meisten anderen EU-Staaten: So betrug das Defizit 2005 rund 1,5 Prozent der Gesamtwirtschaftsleistung, 2008 nur 0,3 Prozent – gemäß Riess-Passers Definition also ein glattes Nulldefizit.

DIE PENSIONS- UND STEUERREFORMEN

Neben seinem Nulldefizit postulierte Grasser auch das Motto »Mehr privat – weniger Staat«. Darunter fiel auch eine Pensionsreform, die ganz seine Handschrift trug: Die Renten sollten fortan nicht mehr anhand der Einkommen, Löhne und Gehälter der letzten 15 Arbeitsjahre vor der Pensionierung berechnet werden, sondern unter Einhaltung einer jahrelangen Übergangszeit anhand der gesamten Lebensarbeitszeit. Das sollte die Basis der Berechnung und damit die Pensionen senken und so wiederum langfristig das Staatsbudget entlasten. Im Gegenzug wurde ein Drei-Säulen-Modell der Altersvorsorge propagiert: Neben der (niedrigeren) staatlichen Rente hatte durch eine Umstellung des Abfertigungssystems von nun an *jeder* Arbeiter und Angestellte Anspruch auf eine Abfertigung, der einen neuen Dienstvertrag abschloss – auch wenn er selbst kündigte.

Und: Frau und Herr Österreicher sollten als neue, sogenannte dritte Säule fleißig in private, steuerlich begünstigte Pensionsfonds einzahlen. Diese sollten das Geld wiederum in führende heimische Unternehmen investieren, was den chronischen Kapitalmangel der österreichischen Wirtschaft ausgleichen sollte. Durch die traditionell hohe Staatsquote in der Industrie nach dem Zweiten Weltkrieg hatten sich, anders als etwa in Deutschland und der Schweiz, in Österreich lange Zeit kaum große private Vermögen gebildet, die als Investoren agieren konnten. Was Grasser da präsentierte, klang fast so, als hätte er das wirtschaftliche Perpetuum mobile erfunden.

Allerdings sah es 2011, als dieses Buch entstand, so aus, als hätten die Sparer auf Sand gebaut: Viele Fonds, die 2003 und 2004 gegründet wurden, sind nur auf zehn bis 15 Jahre Laufzeit ausgerichtet. Um in dieser kurzen Zeit ordentlich Rendite abzuwerfen, investierten sie am Beginn mindestens 40 Prozent in Aktien. Dann kam die Finanzkrise 2008: Die Aktienkurse fielen in den Keller, damit sank auch der Wert der Fondsanteile um bis zu 35 Prozent. Ob die Sparer in einigen Jahren tatsächlich die erhofften Beiträge zu ihrer Altersvorsorge ausgezahlt bekommen, ist aus heutiger Sicht mehr als fraglich. Schließlich mussten sich die Fonds von den gefallenen Aktien trennen und das Geld in sichere Papiere investieren. Deren Kursentwicklung ist jedoch entsprechend bescheiden. Zwar gibt es bei den Fonds Kapitalgarantien – das heißt: man erhält das eingezahlte Kapital auf jeden Fall zurück –, von den versprochenen satten Gewinnen kann aber kaum mehr die Rede sein. Zudem stehen hinter den Kapitalgarantien staatliche Prämienförderungen, sodass die Idee von »Mehr privat – weniger Staat« wieder ad absurdum geführt wurde.

KNITTELFELD UND DIE FOLGEN

»Es ist meine staatspolitische Verantwortung, unter diesen Bedingungen die Regierungsverantwortung nicht mehr auszufüllen.« Mit diesen Worten erklärte Karl-Heinz Grasser am 8. September 2002 seinen Rücktritt als Finanzminister. Auch Vizekanzlerin und FPÖ-Chefin Susanne Riess-Passer und FPÖ-Klubchef

Peter Westenthaler legten ihre Funktionen zurück. Damit war den Freiheitlichen mit einem Schlag jenes Führungstrio abhandengekommen, das seit dem Antritt der schwarz-blauen Koalition neben Jörg Haider das Gesicht der Partei gewesen war. Und genau darin lag das Problem, das Haider schließlich mit dem berühmten Knittelfeld-Putsch vom 7. September 2002 löste.

Haider hatte bereits wenige Tage nach der Regierungsbildung im Februar 2000 als Parteichef zugunsten von Riess-Passer abgedankt, um deren Stellung zu festigen. Der bisherige Chef sah sich gewohnt kokett nur mehr als »einfaches Parteimitglied«, hatte aber natürlich weiterhin großen Einfluss auf die FPÖ. Schließlich hatte er die Partei in die Regierung geführt und er war auch der einzige blaue Landeshauptmann. Die Landeshauptleute haben in ihren Parteien traditionell starke Stellungen. Rasch wurde an Riess-Passer und ihrem Team Kritik aus den eigenen Reihen laut, die auch durch unglückliche Personalentscheidungen ausgelöst wurde. So bestand Kurzzeit-Justizminister Michael Krüger – er war nur 25 Tage im Amt – auf einem *Jaguar* als Dienstwagen, was an der blauen Basis als Affront aufgefasst wurde. Dabei hatte sich Krüger nur Grasser zum Vorbild genommen. Der fuhr nämlich einen *Jaguar* als Dienstwagen. Allerdings war dieser vom Autohaus seines Vaters zur Verfügung gestellt worden, nur der Fahrer kam vom Finanzministerium. Die Regierungsmannschaft Riess-Passers wurde von einfachen Parteimitgliedern rasch als zu abgehoben empfunden.

Auch Haider passte der eigenständige, (wirtschafts)liberale Kurs »seines« Regierungsteams nicht. Und er warf Riess-Passer & Co. vor, sich von Schüssel ständig über den Tisch ziehen zu lassen. Andererseits hatte Schüssel der FPÖ schon im Vorfeld klargemacht: Mit ihm werde die einstige Paria-Partei hoffähig, dafür müsse sie aber mehr Zugeständnisse machen, als es ihrer Stärke entsprach. Dazu kam, dass der Druck von SPÖ, ÖGB und den regelmäßigen Donnerstag-Demonstrationen groß war. Susanne Riess-Passer soll vor ihrem Rücktritt im kleineren Kreis häufig geäußert haben, sie wisse nicht, ob sie das alles noch lange schaffe. Das sei zum einen natürlich Fishing for Compliments gewesen, erinnert sich ein ehemaliger FPÖ-Politiker. Zum anderen sei Riess-Passer mit der Doppelrolle als Vizekanzlerin und Parteichefin aber tatsächlich überfordert gewesen.

Der Konflikt spitzte sich nach dem Jahrhundert-Hochwasser an der Donau im August 2002 auf die Frage einer Steuerreform zu: Haider hatte 1999 seinen Wählern eine Steuerreform versprochen, die eine deutliche Entlastung der Einkommen bringen sollte. ÖVP-Kanzler Schüssel wiederum brachte Riess-Passer, Grasser & Co. nun dazu, unter dem Eindruck der enormen Kosten für den Wiederaufbau an der Donau einer Verschiebung der Steuerreform zuzustimmen. »Wir sind über den Tisch gezogen worden«, brachte der Wiener FPÖ-Obmann Hilmar Kabas die Stimmung gegenüber der ÖVP und der eigenen Regierungsmannschaft auf den Punkt. Mit Duldung Haiders – später hieß es sogar: in dessen Auftrag – sammelte der rechte Parteiflügel um den damaligen Volksanwalt Ewald Stadler Unterschriften für eine Delegiertenversammlung, die am 7. September in Knittelfeld (Steiermark) mit 400 Teilnehmern abgehalten wurde.

Die Stimmung war ähnlich aufgeheizt wie auf jenem Parteitag am 13. September 1986 in Innsbruck, auf dem Haider als Vertreter des rechten Flügels nach einer Kampfabstimmung den liberalen Norbert Steger als Parteiobmann abgelöst hatte. Als Grasser in seiner Rede die Verschiebung der Steuerreform verteidigte, wurde er von wütenden Zwischenrufen unterbrochen. Sein Hauptgegner Stadler wurde hingegen mit »Ewald, Ewald!«-Rufen gefeiert. Auch die anderen Redner machten aus ihrer Ablehnung der blauen Regierungspolitik kein Hehl. Zu Beginn der Versammlung hatten die Delegierten für den folgenden Oktober einen Sonderparteitag gefordert, auf dem das Regierungsteam mit der Umsetzung der Steuerreform beauftragt werden sollte. Für diesen Fall hatte die FPÖ-Regierungsmannschaft im Vorfeld ihren Rücktritt erklärt. Als Kompromiss wurde ein Papier vorgelegt, das eine Abkühlungsphase bis Jänner vorsah, aber dennoch einen Sonderparteitag verlangte. Auch das wäre einem Misstrauensantrag gegen die eigene Regierungsriege gleichgekommen. Auf dem Höhepunkt der aufgeheizten Stimmung zerriss der Kärntner Delegierte und spätere FPK-Obmann Uwe Scheuch am Rednerpult symbolträchtig das Papier eines weiteren Kompromissvorschlags, den Riess-Passer vorgelegt hatte. Angeblich hatte ihm Haider zuvor aufgetragen, diesen Vorschlag inhaltlich zu zerreißen. Scheuch habe das aber wörtlich genommen.

Um Riess-Passer, Grasser & Co. nicht vollends zu brüskieren, ließ Kärntens FPÖ-Chef Martin Strutz als Sitzungsleiter über den Vorschlag eines Parteitags im Jänner nicht offiziell abstimmen. Er unterzog ihn aber einer »Probeabstimmung«, bei der 90 Prozent der Delegierten dafür votierten. Ein klarer Misstrauensbeweis für das Regierungsteam, das daraufhin konsequenterweise seinen Rücktritt erklärte. Da nützte es wenig, dass Haider am Rande der Knittelfeld-Versammlung mit Grasser noch ein ruhiges Bier getrunken hatte.

Was dann folgte, ist symptomatisch für die österreichische Politik und erklärt auch, warum immer weniger Wähler verstehen und gutheißen, was sich in Regierung und Parlament abspielt: Die FPÖ-Regierungsformation hatte die Mehrheit der Basis und damit auch des blauen Parlamentsklubs verloren. Als Konsequenz wurde aber nicht die Regierung umgebildet, sondern der Nationalrat löste sich auf, was eine Neuwahl zur Folge hatte. Für die Zeit des Wahlkampfes und die darauf folgenden Regierungsverhandlungen sollte die bisherige Regierung trotz der blauen Rücktritte weiter im Amt bleiben. Für juristisch und politikwissenschaftlich Interessierte: Die Exekutive (die Regierung) war gescheitert, daraufhin löste sich die Legislative (das Parlament) auf, während die Exekutive vorerst weitgehend ungehindert weitermachen konnte wie bisher. Damit war die Gewaltenteilung zwischen Legislative, Exekutive und Judikative (Gerichtsbarkeit), die Montesquieu in seiner Schrift »Vom Geist der Gesetze« aus dem Jahr 1748 postuliert hatte, in Österreich endgültig ad absurdum geführt.

ZWEITER BRUCH MIT HAIDER

Bei der folgenden Nationalratswahl, die am 24. November 2002 abgehalten wurde, straften die Wähler die FPÖ für den internen Streit und den Bruch der Regierungskoalition gnadenlos ab: Die Partei, die seit 1986 nur an Siege gewöhnt war, verlor zwei Drittel ihrer Stimmen von 1999 und blieb mit 10,0 Prozent gerade noch vor den Grünen, die 9,5 Prozent erreichten. Die Stimmen wanderten fast eins zu eins zur ÖVP: Mit einem Plus von 15,4 Prozent schaffte Wolfgang Schüssel die größte Wählerverschiebung bei bundesweiten Wahlen in der Zweiten Republik. Und vor allem: Mit 42,3 Prozent lag die ÖVP zum ersten Mal seit 1966 wieder auf Platz eins bei einer Nationalratswahl.

Das war aber nur zum Teil ein Verdienst des Parteichefs und seiner Regierungsmannschaft. Vielmehr war es ein Sieg des Karl-Heinz Grasser: Der damals mit Abstand beliebteste Politiker des Landes hatte wenige Tage vor der Wahl nach einem entsprechenden Angebot von Schüssel erklärt, er stehe nach der Wahl in einer ÖVP-geführten Regierung neuerlich als Finanzminister zur Verfügung. Die Reaktionen in der FPÖ auf diesen offensichtlichen Verrat waren im Vergleich zu den in Knittelfeld gefallenen Worten auffallend moderat. Das hatte weniger mit Selbsterkenntnis und Lernfähigkeit zu tun, als vielmehr mit politischer Taktik und Parteidisziplin: Angesichts von Grassers sensationellen Sympathiewerten hätte eine Verteufelung den Finanzminister nur zum Märtyrer gemacht und die FPÖ wahrscheinlich noch mehr Stimmen gekostet.

Schüssel verhandelte nach der Wahl mit SPÖ und Grünen, einigte sich aber am 28. Februar 2003 mit der FPÖ auf eine Fortsetzung der Koalition. Allerdings mussten die Blauen auf einige Ministerposten verzichten und Haider konnte weiterhin nicht in die Regierung. Seit dem Rücktritt von Riess-Passer, Grasser & Co. waren fast sechs Monate vergangen, in denen die blaue Regierungsmannschaft weiterhin im Amt geblieben war. Der einzige Rücktritt, den es in dieser Zeit tatsächlich gegeben hatte, war jener von Susanne Riess-Passer als Parteichefin der FPÖ gewesen. Auf sie folgten wie erwähnt Mathias Reichhold und kurze Zeit später Herbert Haupt. Mit der Bildung der neuen Regierung wurden die Rücktritte vom September nun endlich schlagend.

Riess-Passer fiel weich: Der ehemalige Salzburger Landeshauptmann-Stellvertreter Wolfgang Radlegger (SPÖ) holte sie im Februar 2003 in den *Wüstenrot*-Konzern: Riess-Passer wurde Generaldirektorin der Bausparkasse und löste in dieser Funktion Radlegger ab, der zum Geschäftsführer der *Wüstenrot Verwaltungs- und Dienstleistungs GmbH* aufstieg, die als Holding die Anteile an insgesamt sechs *Wüstenrot*-Gesellschaften hält. Dafür musste Radlegger von seinen Genossen heftige Kritik einstecken. Riess-Passer hat sich seit dem Einstieg bei *Wüstenrot* nicht mehr öffentlich zur Politik geäußert. Daher wollte sie für dieses Buch ebenfalls kein Interview geben. Auch Klubchef Westenthaler kam rasch unter: Er heuerte als nächster Ex-Politiker bei *Magna* an und wurde im Auftrag von Frank Stronach Vorstand der Fußballbundesliga.

Angesichts der verheerenden Wahlniederlage wurden die Kritiker in der FPÖ vorübergehend in den Hintergrund gedrängt, ausgestanden war der parteiinterne Konflikt aber längst nicht. Im April 2005 kam es dann zur endgültigen Parteispaltung: Jörg Haider, seine getreue Kärntner Landesgruppe, die gesamte Regierungsmannschaft der FPÖ und der größte Teil des Parlamentsklubs sagten sich von der Partei los und gründeten das Bündnis Zukunft Österreich (BZÖ). Haider übernahm die Führung dieser neuen Partei. In der »alten« FPÖ kam ein junger, aufstrebender Politiker aus Wien ans Ruder: Heinz-Christian Strache. Aber das ist eine andere Geschichte, die nur mehr am Rand mit Karl-Heinz Grasser zu tun hat.

Dieser gehörte, wie er es vor der Wahl angekündigt hatte, auch dem Kabinett Schüssel II als Finanzminister an, und zwar nicht mehr für die FPÖ, sondern als »parteiunabhängiger« Experte. Allerdings bot ihm Schüssel Sitz und Stimme im Parteivorstand der ÖVP an, was Grasser annahm. Deshalb wurde er fortan der ÖVP zugerechnet. Da war es nur praktisch, dass er schon einen Monat vor der erneuten Angelobung als Finanzminister seinen Austritt aus der FPÖ verkündet hatte. Ganz wohl dürfte sich KHG bei diesem Parteiwechsel aber doch nicht gefühlt haben: Er nahm erst Ende November 2003 zum ersten Mal an einer Vorstandssitzung der ÖVP teil und betrat diese durch die Hintertür, um den wartenden Kameraleuten und Fotografen zu entgehen. Auch in der ÖVP gab es offensichtliches Unbehagen: So waren bei dieser Sitzung »zufällig« gleich fünf der sechs Landeshauptleute der ÖVP verhindert. Dieser stille Protest hing wohl auch damit zusammen, dass damals gerade die Homepage- und die *Eurofighter*-Affäre die Schlagzeilen dominierten.

DER RETTER DES INDISCHEN OZEANS

Ein aus heutiger Sicht eher tragisch-humoristisches Hoppala aus Grassers zweiter Amtszeit war dessen Malediven-Urlaub in den Weihnachtsferien 2004, der jäh von einer der größten Katastrophen in der Geschichte der Menschheit überschattet wurde: Am 26. Dezember 2004 löste das Sumatra-Andamanen-Beben einen verheerenden Tsunami aus, der an den Küsten des indischen Ozeans nach heutigem Wissensstand 230.000 Menschen tötete. Während alle Welt geschockt war und in Österreich die Regierung zu einer Krisensitzung im Bundeskanzleramt zusammentraf, weilte der Finanzminister mit seiner damaligen Verlobten Natalia Corrales-Diez auf den Malediven und damit mitten im indischen Ozean auf Urlaub. Er dachte aber nicht daran, diesen angesichts des Leids und der Zerstörung abzubrechen.

Als in Österreich im Nachhinein Kritik laut wurde, Grasser habe sich geschmack- und pietätlos verhalten, erklärte der Finanzminister, die Regierung der Malediven habe ihn gebeten zu bleiben: Das Signal, »dass man die Region in Panik verlässt«, hätte in dem Fremdenverkehrsland schweren wirtschaftlichen Schaden verursachen können, lautete die kreative Begründung. Dem widersprach jedoch der maledivische Vize-Finanzminister gegenüber der *APA* umgehend: »Das war ein privater Urlaubsaufenthalt. Ich weiß nicht, warum er nicht früher abgereist ist, wir haben sicher niemanden davon abgehalten.«

Demnach hatte Grasser erst eine Woche nach dem Tsunami mit seinem maledivischen Amtskollegen telefoniert und ihn quasi um ein Pro-forma-Treffen für den nächsten Tag gebeten, an dem er nach Hause fliegen wollte. Der Minister war durch eine Kabinettssitzung verhindert und schickte seinen Stellvertreter, der direkt auf dem Flughafen der Hauptstadt Malé für eine Dreiviertelstunde mit Grasser zusammentraf. Bis dahin sei der Regierung der Aufenthalt des österreichischen Finanzministers auf den Malediven nicht bekannt gewesen, so die Regierung des Inselstaates. Nicht genug damit, dass Grasser beim Schwindeln erwischt worden war, stellte sich auch noch heraus, dass er für den privaten Urlaubsflug mit den damals noch mehrheitlich staatlichen *Austrian Airlines* sein Upgrade als Finanzminister in Anspruch genommen hatte, um in der teuren, aber bequemen Businessclass fliegen zu können. Die Opposition tobte – wieder einmal.

DAS AUSSCHEIDEN AUS DER POLITIK

Das Ende von Grassers zweiter Karriere als Politiker begann am 1. Oktober 2006: Mit dem zentralen Wahlversprechen, die *Eurofighter* wieder abzubestellen, und massiver Schützenhilfe der *Kronen Zeitung* gewann die SPÖ mit ihrem Vorsitzenden Alfred Gusenbauer, der davor wegen seiner Physiognomie und Frisur oft verspottet worden war, völlig überraschend die Nationalratswahl. Dabei hatte die Partei 1,2 Prozent der Stimmen verloren und kam auf nur 35,3 Prozent. Allerdings waren der ÖVP noch wesentlich mehr Wähler davongelaufen: Die Schüssel-Partei baute ganze 8 Prozent ab und landete mit einem Prozent und zwei Mandaten Rückstand auf die SPÖ auf dem zweiten Platz. Bundespräsident Heinz Fischer, der lange Jahre stellvertretender SPÖ-Vorsitzender gewesen war, beauftragte Gusenbauer als Vorsitzenden der stärksten Partei mit der Bildung einer Regierung. Für diesen war die Volkspartei der einzige mögliche Ansprechpartner, weil weder Rot-Grün noch Rot-Blau oder Rot-Orange eine Mehrheit gehabt hätten. Für die Koalitionsgespräche nahm die ÖVP Grasser als Vertreter für die Finanzpolitik in ihr Verhandlungsteam auf, obwohl dieser der Partei noch immer nicht angehörte.

Die Verhandlungen zogen sich vom Oktober bis zum Beginn des neuen Jahres hin: Am 4. Jänner 2007 schaffte Grasser in einer Geheimverhandlung mit seinem Gegenüber von der SPÖ, Christoph Matznetter, den Durchbruch. Vier Tage später, am 8. Jänner, stand dann endlich die neue große Koalition. Gleich am nächsten Tag verkündete Grasser seinen aus heutiger Sicht wohl endgültigen Abschied aus der Politik. Im ÖVP-Vorstand hatte ihn der scheidende Parteivorsitzende und Bundeskanzler Wolfgang Schüssel in einer zweistündigen Sitzung noch zum Vizekanzler machen wollen. Er war aber letztlich am Widerstand gewichtiger Parteigranden gescheitert – allen voran der langjährige Klubchef und Nationalratspräsident Andreas Khol und der Arbeitnehmerflügel ÖAAB. Khol bestätigte mir in einem kurzen Gespräch, dass er Grasser als Vizekanzler verhindert hatte. Ansonsten wollte er aber zum ehemaligen Finanzminister keine Stellungnahme abgeben. Khols damalige Begründung für die Verhinderung Grassers: Das Amt des Vizekanzlers und jenes des Parteichefs müssten in einer Hand bleiben. Und Grasser hätte als Nicht-Parteimitglied niemals Parteiobmann werden können. Als Finanzminister wäre er ihm aber willkommen gewesen, so Khol.

Da hat es Grasser auch nicht geholfen, dass mit dem niederösterreichischen Landeshauptmann Erwin Pröll einer der mächtigsten Männer in der ÖVP hinter ihm stand. KHG machte aus der Not eine Tugend und gab sich auch bei seinem Abgang als Meister der verbalen Selbstdarstellung: »Es ist einfach so, dass ich für mich gesagt habe, sieben Jahre sind genug.« Sprach's und räumte sein Büro als Finanzminister für seinen Nachfolger, den neuen Vizekanzler und ÖVP-Obmann Wilhelm Molterer. Nur eines blieb aus der Ära Grasser in der Himmelpfortgasse, dem Sitz des

Finanzministeriums, erhalten: In der Portierloge des Mitarbeiter-Eingangs hängt ein »echter Grasser«, ein avantgardistisches Gemälde, das der damalige Minister in der Zeit der österreichischen EU-Präsidentschaft im ersten Halbjahr 2006 gemalt hat. Wie die Tageszeitung *Heute* enthüllte, hängt das 1,5 mal 2 Meter große Gemälde aber aus Platzgründen nicht im Hoch-, sondern im Querformat, was den Kunstkennern allerdings nicht weiter auffällt.

3.
Der Fondsmanager

Als er nach seinem Beruf gefragt wurde, antwortete Grasser mit einem verschmitzten Lächeln: »Das kommt drauf an, wie man es sieht: Privatier, Finanzminister außer Dienst – meine Frau würde sagen ›arbeitslos‹.« Am 27. März 2007, zweieinhalb Monate nach seinem Ausscheiden aus der Regierung, kehrte Grasser ins Parlament zurück. Allerdings nicht als Politiker, sondern als Zeuge im *Eurofighter*-Untersuchungsausschuss. Nach seinem Ausscheiden aus der Politik machte der einstige Superstar der Regierung Schüssel erst einmal ausgiebig Urlaub. Finanziell hatte er vorerst keine Sorgen. Denn das Bezügegesetz garantiert in Paragraf 14 ausgeschiedenen Ministern, die so wie Grasser mindestens drei Jahre im Amt waren, die Fortzahlung des Einkommens bis zu einem Jahr – Urlaubs- und Weihnachtsgeld inklusive. Nicht dass der ehemalige Finanzminister diese Regelung angesichts des Vermögens seiner Frau notwendig gehabt hätte. Wie seine Antwort vor dem *Eurofighter*-Ausschuss zeigte, ging er mit seiner neuen persönlichen Situation durchaus kokett um.

Auch als »Arbeitsloser« beschäftigte der Ex-Finanzminister weiterhin die Innenpolitik: In einer parlamentarischen Anfrage, die aus formalen Gründen ausgerechnet an den neuen Kanzler und alten Grasser-Gegner Alfred Gusenbauer gerichtet werden musste, wollten die Grünen nach zwei Monaten »Arbeitslosigkeit« wissen, ob Grasser tatsächlich zu Recht weiterhin Geld vom Bund beziehe. Schließlich sei dieser mittlerweile an einer Kommunikationsagentur beteiligt und damit Unternehmer. Die angesprochene Agentur *Valora Solutions* hatte Grasser im Februar gemeinsam mit seinen Freunden Walter Meischberger und Peter

Hochegger als Dritteleigentümer gegründet. Die beiden Partner sollten ihn später noch ordentlich in die Bredouille bringen.

Ab April 2007 verzichtete Grasser dann von sich aus auf die Fortzahlung seines Ministergehalts, da er den Vorsitz im Aufsichtsrat der in Frankfurt börsennotierten Vermögensverwaltung *C-Quadrat* übernahm. Das war zwar ein »ganz netter Job«, wie ein Insider meinte, der Grasser im Jahr 2010 insgesamt 150.000 Euro brutto einbrachte, aber bei Weitem nicht das, was man sich vom »besten Finanzminister aller Zeiten« erwartet hätte. »Er ist halt für einen kleinen Fonds Geld einsammeln gegangen, hat das aber groß aufgebauscht.« Der Umstieg von der Politik in die Privatwirtschaft ging also nicht ganz so glatt vor sich, wie sich das Grasser wohl vorgestellt hatte. Er selbst hatte sich wohl im Vorstand eines großen Finanzkonzerns gesehen. Das Mandat bei *C-Quadrat* legte Grasser dann im Herbst 2010 ohne Angabe von Gründen zurück. Die musste er auch nicht nennen, schließlich lagen sie angesichts der Ermittlungen der Justiz gegen den Ex-Minister auf der Hand.

Zurück aber ins Jahr 2007: Dennoch oder gerade weil es beruflich nicht gerade optimal lief, war KHG in der ersten Zeit nach seinem Ausscheiden aus der Bundesregierung viel unterwegs und wurde von allen Seiten hofiert: Der Wiener Altbürgermeister Helmut Zilk lud ihn in die 50. Ausgabe seiner TV-Talksendung *Lebenskünstler* ein. Dabei plauderte der damals gerade 38-Jährige darüber, wie froh er nun sei, aus der Politik ausgestiegen zu sein, über das Verhältnis zu seinen »Ziehvätern« (Zitat: Zilk) Jörg Haider, Frank Stronach und Wolfgang Schüssel und natürlich ausführlich über sein Privatleben, das gerade in dieser Phase von Grassers Leben die Klatschspalten besonders oft füllte. Und er erklärte auch artig, er habe sich selbst gefragt, warum er eingeladen worden sei. »Vermutlich deshalb, weil ich als relativ junger Mensch schon viele Herausforderungen zu bestehen gehabt habe.« Mit dem Begriff »Lebenskünstler« habe er bislang immer jemanden assoziiert, der sich »so durchs Leben durchgeschummelt« hat. Angesichts der später bekannt gewordenen Affären scheint die Einladung auch nach Grassers Interpretation des Begriffs durchaus gerechtfertigt.

Auch wenn dieser Zilk erklärte, sich damit nicht so recht angesprochen zu fühlen. »Ich hoffe vielmehr, den Jungen als Vorbild dienen zu können.«

Am 13. Juni 2007 überraschte der ehemalige Finanzminister dann mit einem öffentlichen Auftritt an der Seite von Bankier Julius Meinl V. und Ex-*Verbund*-Generaldirektor Hans Haider, der gerade erst im Mai aus Altersgründen aus dem Stromkonzern ausgeschieden war: Das Trio gab die Gründung eines Investmentfonds bekannt, der Kraftwerksprojekte in Osteuropa entwickeln und finanzieren sollte. Julius Meinl und Grasser waren schon zuvor Bekannte gewesen; sie sollen sich über den Dritten Nationalratspräsidenten Thomas Prinzhorn kennengelernt haben, was sie jedoch längere Zeit vertraulich behandelt hatten. Schließlich hätte es kaum gute Presse gegeben, wenn bekannt geworden wäre, dass der Finanzminister freundlichen Umgang mit einem Bankier pflegte, dessen Kreditinstitut er eigentlich überwachen sollte. Die guten Kontakte wurden erst im Zusammenhang mit dem *BAWAG*-Skandal publik, als bekannt wurde, dass Grasser im August 2005 gemeinsam mit dem Investmentbanker Wolfgang Flöttl jun. Gast auf Meinls Jacht in Kroatien gewesen war. Flöttl wurde im Juni 2008 nicht rechtskräftig zu 2,5 Jahren teilbedingter Haft verurteilt, weil er bei riskanten Geschäften etwas mehr als eine Milliarde Euro verloren hatte, die von der *BAWAG* stammten. Aber das ist eine andere Geschichte. Auch Hans Haider kannte Grasser gut: Schließlich ist die Republik Österreich mit 51 Prozent größter Eigentümer des *Verbund*-Konzerns und Eigentümer-Vertreter war in den Jahren von 2000 bis Anfang 2007 Grasser gewesen.

Der neue Investmentfonds trug den Namen *Meinl International Power (MIP)* und war nach dem damals als bewährt empfundenen Muster der bereits bestehenden Fondsgesellschaften *Meinl European Land (MEL)* und *Meinl Airports International (MAI)* konzipiert. *MEL* war bereits seit Herbst 2002 an der Börse und hatte den Aktionären bis dahin durchaus Freude bereitet. Bei *MIP* war Grasser Dritteleigentümer und Chairman der in Wien sitzenden Management-Gesellschaft des neuen Kraftwerksfonds, die sich

Meinl Power Management (MPM) nannte. Zudem sollte Grassers Firma *Valuecreation GmbH* – der Name wird später im Zusammenhang mit dubiosen Geldströmen noch auftauchen – die Management-Gesellschaft beraten. KHG sollte also gleich zweimal kassieren: einmal als Manager und einmal als Berater von sich selbst. Eine interessante Konstellation, an der sich damals aber niemand zu stoßen schien. Die beiden anderen Drittel an der Management-Gesellschaft hielt die *Meinl Bank.*

Aufgabe der Management-Gesellschaft war es, für eine zweite (Publikums)Gesellschaft, die den eigentlichen Fonds darstellte, mehrere Hundert Millionen Euro Kapital aufzutreiben und den Fonds so bald wie möglich an die Börse zu bringen. Die *Valuecreation GmbH*, die im Grunde genommen nie viel mehr als eine Briefkastenfirma war, hatte Grasser nur wenige Tage davor gegründet. Das Unternehmen hatte nie mehr als zwei Mitarbeiter: Grasser als Geschäftsführer und vermutlich eine Sekretärin. Der im Firmenbuch eingetragene Unternehmenszweck hatte bereits verraten, in welche Richtung die Karriere des Ex-Finanzministers gehen sollte. Neben dem »Handel mit Waren aller Art« war als Geschäftsfeld auch »die Erbringung von Dienstleistung jeglicher Art, insbesondere Beratung und Vermittlung von Projekten im Bereich der Energieerzeugung (Strom und Gas) sowie das Halten und Verwaltung von Beteiligungen jeder Art an in- und ausländischen Unternehmen« angegeben.

SCHWACHER START

Die Publikumsgesellschaft, als der eigentliche Fonds, hatte ihren Sitz so wie die beiden anderen *Meinl*-Fonds auf der britischen Kanalinsel Jersey, die als gesondertes Rechtssubjekt offiziell nicht Teil Großbritanniens und damit der EU ist. So wurde das strenge österreichische Aktienrecht elegant umschifft, was den Behörden die Finanzkontrolle nicht gerade einfach machen sollte. Als Chairman der Publikumsgesellschaft fungierte Haider. Der

65-Jährige sollte vor allem seinen in der Strombranche bekannten Namen hergeben. Schließlich genoss er einen tadellosen Ruf, was damals auch noch für Grasser und Meinl galt. So gab es auf den Wirtschaftsseiten und in den Chefetagen der Finanzgesellschaften durchwegs zustimmendes Nicken zur Gründung des Fonds. Zumal Meinl auch versicherte, anders als die berüchtigten »Heuschrecken« der Finanzwelt »werden wir investieren, um zu halten«. Einen Monat später trat mit dem ehemaligen Chef von *E.ON-Energie* Hans-Dieter Haring ein weiterer bekannter Strom-Manager als dritter Vorzeige-Manager in den neuen Fonds ein.

Im Juli 2008 holte sich *MIP* über die Ausgabe von Aktien 600 Millionen Euro Kapital von der Börse. Das klingt nach viel, lag aber deutlich hinter dem Plan: Ursprünglich waren 750 Millionen Euro und dann sogar 800 Millionen angepeilt gewesen. Der Ausgabekurs betrug zehn Euro pro Aktie. Am ersten Tag an der Börse, am 1. August 2008, wurden die Papiere allerdings nur um neun Euro gehandelt. Die Investoren hatten also schon zum Start 10 Prozent ihres Kapitals verloren, was bereits am Tag eins heftige Kritik von Kleinaktionäre-Vertretern hervorrief. »In Zeiten wie diesen erwarten sich Anleger Konkreteres als Namen wie Haider und Grasser. Schillernde Namen alleine sind zu wenig«, sagte der Präsident des österreichischen *Interessenverbandes für Anleger (IVA)* Wilhelm Rasinger zur *APA*. Das Management sei jetzt aufgefordert, »möglichst bald konkrete Projekte vorzulegen, die die Abschläge wieder gutmachen«. Ein *MIP*-Sprecher sah den niedrigen Kurs als »Missverständnis« von Anlegern und als Folge einer »überkritischen Publicity«, der der prominente Vorstand ausgesetzt sei.

Aber schon damals standen die Zeichen für die weitere Zukunft nicht gerade rosig: Der Flughafenfonds *MAI* war Ende April 2007 so wie *MIP* ebenfalls ohne fixe Projekte an der Börse gestartet, hatte zu Beginn trotzdem fast 10 Prozent gewonnen, lag mittlerweile aber 15 Prozent unter dem Ausgabepreis. Für *MIP* sollte es noch dicker kommen: Die Aktien verloren innerhalb der ersten vier Wochen 30 Prozent ihres Wertes. Grassers Start in seine neue Management-Tätigkeit war also zumindest in Bezug auf den Kurs seines Fonds eine glatte Bruchlandung, was er selbst natürlich völlig anders sah – zumindest öffentlich: Er beschwerte sich, die Aktie sei deutlich unterbewertet, hatte aber gleichzeitig auch keine guten Nachrichten, um den Kurs wieder nach oben zu bringen. Denn lukrative Projekte waren nicht in Sicht: »Wir verhandeln zurzeit eine Reihe von neuen Projekten«, sagte er. Und das ist für gewöhnlich die Umschreibung für »es tut sich gar nichts«.

DIE MEINL-AFFÄRE

Zu diesem Zeitpunkt hatte das *Meinl*-Imperium schon kräftig zu wanken begonnen. Das Erdbeben begann, als im Spätsommer 2007 aufflog, dass der Immobilienfonds *MEL* Geld von Kapitalerhöhungen im Wesentlichen dazu benutzt hatte, um seine eigenen Aktien aufzukaufen. Damals besaß sich die Gesellschaft schon zu fast 30 Prozent selbst: Die *Meinl*-Affäre war geboren. Wahrscheinlichstes Motiv dieser Strategie, die nur wenigen Eingeweihten bekannt war: Der Kurs sollte durch eine Nachfrage, die in Wirklichkeit gar nicht vorhanden war, künstlich hoch gehalten werden. Als die Rückkäufe bekannt wurden, verlor die Aktie innerhalb weniger Tage fast die Hälfte ihres Wertes.

Julius Meinl V. selbst bestritt heftig, etwas mit der Geschäftspraxis, die stark nach Kursmanipulation roch, zu tun gehabt zu haben. Gleichzeitig betonte er, der Rückkauf sei keineswegs illegal gewesen, weil der Fonds seinen Sitz auf Jersey hatte. Und dort seien solche Strategien erlaubt. Meinl erklärte auch, er habe bei *MEL* keinerlei Funktion ausgeübt, sondern nur den Börsengang durchgeführt. Allerdings soll er mit der Lizenz zur Nutzung seines damals noch guten Namens und der Verwaltung des Fonds, für den eine Management-Gesellschaft aus seinem Imperium zuständig war, erhebliche Summen verdient haben. Nach demselben Geschäftsmodell funktionierten auch der Flughafenfonds

MAI und der Kraftwerksfonds *MIP*: Meinl gab seinen Namen her und verdiente mit der Verwaltung, hatte selbst aber keinerlei Anteile und Position und damit auch kein Risiko. Die Staatsanwaltschaft verdächtigte den Promi-Bankier aber, dass er trotz aller Beteuerungen doch Einfluss auf den Immobilienfonds hatte und begann wegen des Verdachts des Anlegerbetrugs und der Untreue zu ermitteln. Für Julius Meinl V. gilt selbstverständlich die Unschuldsvermutung. Im Umfeld der Affäre nahm die Justiz auch weitere Manager ins Visier. Unter anderem wurden gegen Grasser Vorerhebungen gestartet, nachdem gegen ihn im September 2007 und im April 2009 zwei anonyme Anzeigen eingebracht worden waren.

Am 1. April 2009 wurde Meinl wegen Fluchtgefahr in Wien festgenommen, tags darauf verhängte das Landesgericht offiziell die U-Haft. Begründung: Der Bankier habe einen Schaden von zumindest 6,4 Milliarden Euro zu verantworten, sein Privatjet, eine Falcon 2000, stehe stets vollgetankt auf dem Wiener Flughafen. Zudem sei er britischer Staatsbürger und könne sich daher relativ leicht dem Zugriff der heimischen Justiz entziehen. Die Haft währte allerdings nicht einmal zwei volle Tage: Meinl zahlte noch am 2. April die Rekord-Kaution von 100 Millionen Euro und verließ gegen Mittag des 3. April die Justizanstalt Wien-Josefstadt wieder als freier Mann. Aus welchen Quellen das Geld stammte, war damals wie später Anlass für viele Spekulationen. Bekannt ist nur, dass es von einem Konto der Liechtensteiner *Centrum Bank* auf das Konto des Oberlandesgerichts Wien bei der *BAWAG P.S.K.* überwiesen wurde.

Die Verhaftung dürfte auch Grasser endgültig dazu bewogen haben, das Verhältnis zu seinem Geschäftsfreund neu zu überdenken. Fast unmittelbar nach der Freilassung sagte sich der Ex-Finanzminister nämlich offiziell von Meinl los. Er betonte zwar seine »Hochachtung für Julius Meinl«, kündigte aber gleichzeitig an, sich von seinem Drittelanteil an der Management-Gesellschaft des Kraftwerksfonds *MIP* trennen zu wollen, und bezeichnete diesen Schritt als »geplante und einvernehmliche Maßnahme«. Der eigentliche Zeitpunkt war sicher kein Zufall, grundsätzlich dürfte das mit dem lange geplanten Rückzug aber stimmen. Denn auch bei *MIP* hatte sich seit Auffliegen der *Meinl*-Affäre einiges getan: Bereits im November 2008 hatte eine Gruppe von »rebellischen Aktionären« um Alexander Proschofsky die Macht in der Publikumsgesellschaft übernommen und den alten Vorstand um Hans Haider kurzerhand abgewählt.

Hintergrund des »Aufstandes«: Damals lag der Wert der Aktien schon 42 Prozent unter dem Ausgabekurs. Gleichzeitig sollten die *Meinl Bank* und die Management-Gesellschaft *MPM*, an der Grasser wie erwähnt ein Drittel hielt, mit 32 (!) Millionen Euro abgefertigt werden, um eine neue Management-Gesellschaft einsetzen zu können. Das an sich brachte die Aktionäre schon in Wallung: Schließlich sollten Meinl und Grasser abkassieren, während sie selbst auf enormen Verlusten saßen. Dazu kam: Die neue Management-Gesellschaft wäre ein Hedgefonds gewesen, der mit dem *MIP*-Geld nicht mehr langfristige Kraftwerksprojekte finanzieren, sondern mit Energie-Aktien spekulieren wollte. Das wäre eine völlige Abkehr von der ursprünglichen Geschäftsidee gewesen und hätte für das ohnehin schon geschrumpfte Kapital noch mehr Risiko bedeutet. Die Rebellen tilgten in weiterer Folge den belasteten Namen *Meinl* und benannten den Fonds in *Power International (PI)* um. Bei Drucklegung dieses Buches war noch ein Schiedsverfahren zwischen *PI* und der *Meinl Bank* anhängig.

Auch mit *Atrium European Real Estate*, der Nachfolge-Gesellschaft des Immobilienfonds *MEL*, und mit der Nachfolge-Gesellschaft des Flughafenfonds lag die *Meinl Bank* im Rechtsstreit. Der *Atrium*-Fonds hatte gegen die Bank eine Klage von 2,1 Milliarden Euro eingebracht, der eine Gegenklage über 1,2 Milliarden gegenüberstand. Im Juni 2011 kam es zu einem Vergleich: Beide Seiten zogen alle Klagen zurück und beglichen ihre jeweiligen Rechtskosten in Millionenhöhe selbst. Laut *Format* zahlte die *Meinl Bank* zur Aufarbeitung der *MEL*-Affäre allein 32 Millionen Euro für Rechtsberatung. Beide Seiten betonten, es sei keine Vergleichssumme geflossen. Die (Sammel)Klagen von Tausenden geschädigten Anlegern sind von diesem Vergleich jedoch nicht betroffen. Nichtsdestotrotz kündigte die *Meinl Bank* an, ab Herbst 2011 wieder Immobilienprodukte auf den Markt bringen zu wollen, wofür der Vergleich mit dem *Atrium*-Fonds eine wichtige Voraussetzung war. Im Gegenzug hatte die *Meinl Bank* alle Vermögenswerte von *Atrium* freigegeben, auf die sie noch Zugriff gehabt hatte.

Bei Drucklegung dieses Buches war die *Meinl*-Affäre auch strafrechtlich noch nicht aufgearbeitet: Julius Meinl V. war Ende 2007 unter dem Druck der Ereignisse vom Vorstand in den Aufsichtsrat der *Meinl Bank AG* gewechselt, dem er seither vorsteht. Obwohl er sich damit aus dem Tagesgeschäft heraushalten muss, zieht er weiterhin zumindest strategisch die Fäden in seinem Imperium. Seine 100 Millionen Euro Kaution liegen nach wie vor auf dem Konto des Oberlandesgerichts Wien und werden dort mit 1,75 Prozent per anno verzinst. Über seine Anwälte und sein Unternehmen unternimmt der Bankier alles, um seinen Namen wieder reinzuwaschen. So schaltete die *Meinl Bank* etwa im Mai 2011 ganzseitige Anzeigen in den großen österreichischen Zeitungen, in denen unter anderem die »rechtsstaatlich fragwürdigen Vorgehensweisen« und die »massive Vorverurteilung der Person Julius Meinl« beklagt wurden.

Und *Meinl-Bank*-Vorstand Peter Weinzierl stellte den Antrag auf Absetzung des zuständigen Staatsanwalts Markus Fussenegger, bezeichnete diesen als »kriminell« und beklagte, die Justiz verfolge sein Unternehmen mit biblischem Hass: »Ob das damit zusammenhängt, dass auch einige Personen in der Justiz *MEL*-Papiere besessen haben, weiß ich nicht.« Mit »einige Personen« meinte der Anwalt auch die ehemalige Justizministerin Claudia Bandion-Ortner (ÖVP), die Ende 2006 *MEL*-Anteile im Wert von damals 4000 Euro gekauft hatte. Diese wurden später nahezu wertlos. Als die ehemalige *BAWAG*-Richterin im Jänner 2009 zur Justizministerin ernannt wurde, verschwieg sie, dass sie zu den Tausenden geschädigten *MEL*-Anlegern gehörte. Gegenüber *Format* wollte die Ex-Ministerin im Sommer 2011 nicht (mehr) wissen, dass sie auch *MEL*-Aktien besessen hatte: »Wir haben damals ein größeres Paket gekauft und da waren eben auch *MEL*-Aktien dabei. Das habe ich aber gar nicht registriert (...) Das waren ja nur Minibeträge.«

Nichtsdestotrotz forderte die *Meinl Bank* erneut die Einstellung des Strafverfahrens gegen Julius Meinl wegen Befangenheit der Ex-Justizministerin. Meinl ist aber weiterhin offiziell Beschuldigter. Der erste Gerichtsgutachter Thomas Havranek, der die Geschäfte von *MEL* prüfen sollte, wurde im Juli 2007 auf Betreiben der *Meinl Bank* wegen Befangenheit von dem Fall abgezogen. Grund dafür war ein Artikel im *Wirtschaftsblatt* im September 2007, in dem sich Havranek kritisch über den *Meinl*-Fonds geäußert hatte. Für sein 25-seitiges Gutachten erhielt er dennoch das stolze Honorar von etwas mehr als 600.000 Euro. Nun wartet die Justiz auf die Expertise des neuen Gutachters Fritz Kleiner, die bei Drucklegung dieses Buches noch ausstand.

Grasser ist hingegen aus dem Schneider, zumindest was dieses Thema betrifft: Die Staatsanwaltschaft Wien stellte die Ermittlungen gegen ihn im Zusammenhang mit der *Meinl*-Affäre im August 2010 rechtskräftig ein. Davor hatte sie KHG gleich wegen fünf möglicher Delikte auf der Liste der Verdächtigen geführt: Es ging um den Verdacht des schweren Betrugs, der Untreue, des Amtsmissbrauchs in der früheren Funktion als Finanzminister, der verbotenen Intervention zugunsten von Julius Meinl und der Steuerhinterziehung.

»Grasser war immer eine Ich-AG«

FPÖ-Bundesparteiobmann Heinz-Christian Strache über Karl-Heinz Grasser.

Was sehen Sie in Karl-Heinz Grasser: einen ehemaligen Parteifreund, einen Ex-Minister, einen Gauner?
HEINZ-CHRISTIAN STRACHE: Bei Grasser – aber nicht nur bei ihm – fällt mir immer eine alte Weisheit ein: Gib jemandem Macht und Geld und du wirst seinen wahren Charakter kennenlernen. Ich sehe Grasser als jemanden, der entscheidend zur Verschüsselung Österreichs beigetragen hat. Die schwerwiegenden Vorwürfe gegen ihn sind von den Gerichten zu klären und müssen natürlich auch Gegenstand eines parlamentarischen Untersuchungsausschusses sein. Prinzipiell ist er ein Ex-Minister, der uns allen ein schweres Erbe hinterlassen hat. Als Parteifreund in der echten Bedeutung des Wortes habe ich ihn nie empfunden. Und wirklich verankert war er in der FPÖ nicht.

Aber Grasser wurde doch in der FPÖ groß und Jörg Haider machte ihn zum Minister …
HEINZ-CHRISTIAN STRACHE: Das war sicher ein schwerer Fehler Jörg Haiders. Man muss dazu auch anmerken, dass Grasser eine für diese Zeit leider sehr typische Quereinsteigerkarriere gemacht hat und nicht die Ochsentour durch die Orts- und Bezirksorganisationen gemacht hat, sondern in atemberaubender Geschwindigkeit nach oben gehievt wurde. Er war immer nur eine Ich-AG und hat es eine gewisse Zeit lang außerordentlich gut verstanden, seine Umgebung und die Menschen zu blenden. Er war ja auch der Darling vieler Medien, die das heute gern verdrängen. Heute ist der Lack endgültig abgeblättert.

Wie gut haben Sie Karl-Heinz Grasser persönlich kennengelernt? Wie haben Sie ihn damals innerhalb der Partei erlebt?
HEINZ-CHRISTIAN STRACHE: Persönlich hatte ich faktisch keinen Kontakt mit ihm, höchstens einmal beiläufiges Händeschütteln. Grasser hat sich ja schon seit jeher von der Basis ferngehalten, das war sehr bezeichnend für sein Verhalten innerhalb der Partei. Er hat die FPÖ dann ja schon 2002 nach Knittelfeld verlassen und ist für Wolfgang Schüssel in den Wahlkampf gezogen. Schüssel wollte ihn ja sogar zum ÖVP-Obmann machen, ein Umstand, der heute gerne vergessen wird. Persönlich habe ich ihn immer für schwer überschätzt gehalten und die späteren Enthüllungen haben diese, meine Meinung nur bestätigt.

Mittlerweile wird gegen vier ehemalige FPÖ-Minister – Grasser, Gorbach, Reichhold und Scheibner – ermittelt, mit Ernst Strasser kommt von der ÖVP noch ein fünfter Minister aus der Zeit von Schwarz-Blau dazu. Ist das alles Zufall?
HEINZ-CHRISTIAN STRACHE: Alle diese Personen sind mittlerweile beim BZÖ. Das Problem der damaligen Zeit war, dass viele Glücksritter, Abenteurer und Abkassierer in Ämter gespült wurden, die sie dann schamlos ausnutzten. Solche Leute findet man in allen Parteien. Es handelt sich um ideologische Nullgruppler, die den raschesten Weg nach oben gehen wollen und in Wahrheit keinen ideologischen Hintergrund haben. Die Parteifarbe ist bei diesen Leuten nur Zufall. Grasser selbst ist ja auch ganz hurtig von der FPÖ zur ÖVP gewechselt, als es ihm nützlich erschien. Er hätte sicher auch mit der SPÖ kein Problem gehabt, wenn von dort ein verlockendes Angebot gekommen wäre. Und man sollte auch nicht vergessen, dass derzeit auch gegen fünf amtierende SPÖ-Regierungsmitglieder ermittelt wird, beginnend mit Bundeskanzler Faymann.

Der Fall Grasser wird auch als Beleg für die Unfähigkeit der FPÖ zum Regieren gesehen. Was sagen Sie dazu?
HEINZ-CHRISTIAN STRACHE: Natürlich ist die FPÖ fähig zum Re-

gieren. Im Jahr 2000 wurden aber die Weichen falsch gestellt. So hätte man beispielsweise nie den Dritten zum Bundeskanzler machen dürfen. Und einige Leute sind eben leider den Versuchungen der Macht erlegen. Sie sind Teil des Systems geworden, das sie vorher zu Recht bekämpft haben. Wir haben diesen Leuten schon 2002 in Knittelfeld eine Absage erteilt. Und 2005 sind alle diese Personen zum BZÖ geflüchtet. Heute verfügt die FPÖ über jede Menge ministrabler Persönlichkeiten, die tatsächlich etwas Positives für Österreich und seine Menschen bewegen wollen. Das Quereinsteigerunwesen der Neunzigerjahre gehört der Vergangenheit an. Wir haben einen Selbstreinigungsprozess unternommen und stehen für einen sauberen und geraden Weg unter HC Strache.

Angesichts der vielen Verdachtslagen rund um den Ex-Minister und seine Freunde: Was, glauben Sie, hat ihn angetrieben. Ehrgeiz, Gier, Eitelkeit?
HEINZ-CHRISTIAN STRACHE: Es wird wohl eine Kombination von allem gewesen sein. Aber ich bin nicht Grassers Psychotherapeut, seine Motive interessieren mich daher weniger als seine ihm unterstellten Taten. Und diese haben restlos aufgeklärt zu werden.

Warum dauert die Aufklärung so lange? Arbeiten die Gerichte schlampig, gibt's Druck von politischer Seite?
HEINZ-CHRISTIAN STRACHE: Grasser hatte vor allem in der ÖVP viele Förderer und auch in Netzwerken dahinter. Und es kann natürlich sein, dass auch Druck ausgeübt wird, das kann ich von außen nicht beurteilen. Jedenfalls ist die Langsamkeit bedenklich. Viele der Vorwürfe stehen schon seit Jahren im Raum.

TEIL II

Die Affären
des Karl-Heinz Grasser

»Grasser gehört in Untersuchungshaft«

Der Grünen-Nationalrat und selbst ernannte »Grasser-Jäger« Peter Pilz über Karl-Heinz Grasser.

Nehmen wir an, Sie träfen heute Karl-Heinz Grasser auf der Straße: Würden Sie ihm die Hand geben?
PETER PILZ: Das wäre nicht notwendig. Ich glaube kaum, dass wir uns begrüßen würden.

Warum würden Sie ihn nicht grüßen?
PETER PILZ: Weil ich nur Leute grüße, die ich entweder kenne oder denen gegenüber ich mich freundlich verhalten möchte. Der Gruß ist eine Freundlichkeit und die ist im Fall Grasser bei mir nicht vorhanden.

Warum üben Sie eine dermaßen scharfe Kritik an ihm? Was werfen Sie ihm konkret vor?
PETER PILZ: Freunderlwirtschaft und Ausplünderung der Republik Österreich. Die gesamten Privatisierungen unter Schwarz-Blau geschahen im Wesentlichen unter dem Einfluss von Wolfgang Schüssel und Karl-Heinz Grasser. Und sie sind mit Sicherheit zum größten Teil zum Schaden der Republik durchgeführt worden. Sein Umfeld hat davon profitiert. Es hat sich relativ schnell gezeigt, dass diese »New Economy«, der sich Grasser verschrieben hatte, eine »Friends Economy« war.

Glauben Sie, war das von Anfang an geplant oder wurde Grasser von Personen aus seinem Umfeld getrieben oder hintergangen?
PETER PILZ: Das weiß ich nicht und es ist mir auch vollkommen egal. Der Herr Grasser ist der klassische Parvenü, der alles tut, um sozial möglichst weit aufzusteigen. Und er gehört zu dieser neuen

Schicht österreichischer Politiker, die der Meinung sind, dass die Gesetze jeweils nur für die anderen gelten.

Die Liedermacher Christoph & Lollo singen: »Wann geht der Karl-Heinz endlich in Häfn?«. Würden Sie ihn dort auch gerne sehen?
PETER PILZ: Zumindest sollte er in Untersuchungshaft sein, weil ständig Verabredungsgefahr und möglicherweise auch Fluchtgefahr droht. Es ist in diesem Punkt völlig unverständlich, dass er besser behandelt wird als andere Beschuldigte.

Gibt es diese bevorzugte Behandlung wirklich? Die Staatsanwaltschaft Wien hat bereits eine halbe Stunde nach Beginn der Hausdurchsuchung in Grassers Wohnsitzen, seiner Firma und bei seinem Steuerberater die Medien darüber informiert. Das ist ja völlig unüblich.
PETER PILZ: Dazu habe ich auch eine parlamentarische Anfrage an die Justizministerin *(Beatrix Karl, ÖVP – Anm. d. Verf.)* gestellt, weil ich das absolut unangemessen finde. In diesem einen, einzigen Fall sind die Persönlichkeitsrechte von Grasser verletzt worden.

Sonst nicht? Wenn Details aus seinen Befragungen durch die Justiz oder die Mitschriften von abgehörten Telefonaten durchsickern, ist das für Sie in Ordnung?
PETER PILZ: Wenn Journalisten Informationen bekommen, dann werden sie diese Informationen auch veröffentlichen. Das ist das Grundgesetz von investigativem Journalismus. Dass Beamte möglicherweise in einzelnen Fällen das Amtsgeheimnis verletzten, ist eine zweischneidige Geschichte. Einerseits sind Gesetze natürlich zu beachten. Andererseits ist die Amtsverschwiegenheit der Tod der Informationsfreiheit und das wichtigste Instrument der Vertuschung in dieser Republik. Daher habe ich großes Verständnis dafür, wenn es Beamte gibt, die sich nicht an die Amtsverschwiegenheit halten.

Der ehemalige FPÖ-Klubobmann im Parlament Peter Westenthaler hat im Interview für dieses Buch gemeint, Grasser würde auch deswegen so intensiv verfolgt, weil die Neuauflage einer schwarz-blauen Regierung verhindert werden soll. Was sagen Sie dazu?

PETER PILZ: *(lacht schallend auf)* Da sollten eher die Österreicher Angst haben, weil diese Koalition wirklich droht. Das wäre das Schlimmste, was dieser Republik passieren könnte. Denn dann würden auch die Reste gestohlen, die während der beiden Schüssel-Regierungen nicht gestohlen wurden.

Sie erheben massive Vorwürfe gegen Karl-Heinz Grasser. Hat er Sie deswegen auch schon einmal geklagt?

PETER PILZ: Ich glaube, wir haben ein paar Mal prozessiert.

Aus Ihrer Sicht erfolgreich?

PETER PILZ: Ich müsste wirklich nachschauen. Sie können aber meinen Anwalt Alfred Noll anrufen. Ich werde so oft geklagt und gewinne fast alle meine Prozesse. Die Grasser-Prozesse habe ich gar nicht so in Erinnerung. Ich glaube, da läuft auch noch ein Verfahren. Aber ich weiß es nicht so genau und es ist mir auch egal.

Warum dauern die strafrechtlichen Untersuchungen gegen Karl-Heinz Grasser dermaßen lange?

PETER PILZ: Ich glaube, ursprünglich wollten die Herrschaften der Staatsanwaltschaft überhaupt kein Verfahren haben. Dann haben wir sie dazu gezwungen, ein Verfahren zu eröffnen. Jetzt arbeiten einige Staatsanwälte durchaus engagiert, andere wiederum nur widerwillig. Was die Länge der Verfahren anbelangt, da würde ich das Verschulden nicht bei der Staatsanwaltschaft suchen, sondern das hängt schon mit der Komplexität der Materie und mit der vielfältigen Verschleierung durch Stiftungen und Firmen kreuz und quer durch die Welt zusammen. Solchen Konstruktionen zu folgen dauert wirklich lange Zeit.

Hat die Justiz dafür ausreichend Personal?
PETER PILZ: Nein, sie ist personell völlig unterdotiert. Das ist ja das Problem, dass die Plünderer der Republik und die Freunderlwirtschafter durchaus über ausreichend Personal, Zeit und Ressourcen verfügen, während die Justiz ständig unterbesetzt und überfordert ist und daher nur sehr schwer nachkommt. Da sind auch die besten Staatsanwälte oft überfordert.

Glauben Sie, dass Karl-Heinz Grasser am Ende des Tages verurteilt wird?
PETER PILZ: Das ist keine Glaubenssache. Ich gehe davon aus, dass die verschiedenen »Verdächte« – es ist ja eine lange Liste – im Regelfall sehr, sehr gut begründet sind. Mehr kann man im Moment nicht sagen. Im Gegensatz zu vielen anderen sind mir rechtsstaatliche Verfahren sehr wichtig, deswegen wird es von meiner Seite keine Vorverurteilung geben.

Sie sagen, Sie würden Grasser nicht vorverurteilen. Wenn man sich aber die Homepage der Grünen ansieht, auf der Sie selbst und zwei Ihrer Nationalratskollegen sich als Grasser-Jäger im Weidmannskostüm darstellen, kann man das aber durchaus als Vorverurteilung sehen. Wie passt das zusammen?
PETER PILZ: Da wird nur ständig dokumentiert, was an Verdachtsmomenten vorliegt. Sie werden aber keine einzige Vorverurteilung und keinen einzigen Schuldspruch finden. Wenn Grasser uns als »Jagdgesellschaft« bezeichnet, dann übersieht er die kleine Ironie, die darin liegt, was wahrscheinlich damit zusammenhängt, dass ihm das Lachen mittlerweile vergangen ist.

Am 4. Juni 1998 brach Grasser zum ersten Mal mit Jörg Haider und verließ
die Kärntner Landesregierung. Nachfolger wurde Mathias Reichhold.

Am 4. Februar 2000 wurde Grasser als Finanzminister angelobt.
Mit im Bild Innenminister Strasser und Justizminister Krüger.
Vorige Seite: Frank Stronach war einer der Mentoren Grassers.

FPÖ-Obmann Jörg Haider übte rasch Kritik an der Politik der Regierung
und an seinem »Finanzminister«.

Mit Lebensgefährtin Beate Sumper und Verteidigungsminister Herbert
Scheibner auf dem Opernball 2000.

Vorbereitung auf die Budgetrede im Parlament. Das laute Schnäuzen ist laut Gattin Fiona die einzige negative Eigenschaft von KHG.

Grasser umgab sich, so oft es ging, mit Wirtschaftsgrößen
wie Microsoft-Gründer Bill Gates.

Auf dem Höhepunkt seiner Macht zog Grasser wie ein Wirtschaftsguru durch das Land.

Am 6. Juli 2004 unterzeichneten Grasser und der Generaldirektor der
Raiffeisen-Landesbank Oberösterreich Ludwig Scharinger den *Buwog*-Verkauf.
Seit 2009 ermittelt die Justiz in der Causa.

Die Diplomatentochter Natalia Corrales-Diez stieg rasch von der Praktikantin im Finanzministerium zur Verlobten des Finanzministers auf.

Grasser war der beliebteste Politiker im Land. Helmut Zilk lud ihn in die
50. Ausgabe seiner TV-Talksendung *Lebenskünstler* ein.

Walter Meischberger und Karl-Heinz Grasser.

Die Hochzeit von Karl-Heinz Grasser und Fiona Swarovski.

Zu Besuch bei »*Wetten, dass …?*« im Jahr 2006.

Für seine Gegner war Grasser schon lange eine Witzfigur. Im Rabenhof-Theater war er seit Februar 2006 im Programm *Bei Schüssels* als karikierte Puppe zu sehen.

Daheim in Tirol.

Die beiden verkehrten in der obersten Liga der europäischen Promis –
etwa mit Gabriele Inaara Begum Aga Khan beim Amadeus-Weekend im
August 2008.

Am 9. Juni 2007 gab Grasser gemeinsam mit dem ehemaligen *Verbund*-Boss Hans Haider und Banker Julius Meinl V. die Gründung des Investmentfonds *Meinl International Power* bekannt.

Die Auftritte von Grasser mit Anwalt Manfred Ainedter sind durch und durch inszeniert. Zum Verhör durch Korruptionsermittler kommen sie mit einem *Smart*.

Nächste Seite: Grasser und Ainedter nach der Razzia in Grassers Wohnsitzen im Mai 2011 auf dem Weg zu einer Pressekonferenz, die im Raum »Bleeding White« stattfindet.

4.
Die Homepage-Affäre

Entweder man verehrte ihn oder man feindete ihn an: Schon am Beginn seiner Amtszeit als Finanzminister ließ Grasser niemanden kalt. Vor allem die Opposition hasste ihn mit voller Inbrunst – kein Wunder: Schließlich war er der mit Abstand beliebteste Politiker des Landes. Vor allem aber war er das Feindbild all jener, die sich links der Mitte sahen. Er galt als Inbegriff der neoliberalen Politik, der »New Economy«, die damals international groß in Mode war. Aber nicht nur deswegen forderte die Opposition im Nationalrat wiederholt den Rücktritt Grassers: Schon am Beginn seiner Amtszeit wurde ihm vorgeworfen, er stehe politisch vor allem für sich selbst und missbrauche das Amt, um seine Freunde und sich selbst zu begünstigen und um seinen Marktwert als zukünftiger Manager von großen Konzernen zu steigern.

Festmachen lässt sich diese Stimmung vor allem an der Homepage-Affäre, die Grasser zum ersten Mal in eine für ihn unangenehme Nähe zur Justiz brachte. Es ging um eine Spende von 283.000 Euro der Industriellenvereinigung (IV) für den *Verein zur Förderung der New Economy*. Obmann dieses Vereins, von dem nie bekannt wurde, wie viele Mitglieder er eigentlich hatte, war »zufällig« Grassers Kabinettchef Matthias Winkler. Als einzige maßgebliche Tätigkeit hatte der Verein im Jahr 2001 die Homepage *www.karlheinzgrasser.at* erstellen lassen, auf der Grassers Politik und seine Leistungen bejubelt wurden. Im Internet wurde ein regelrechter Personenkult aufgezogen: Grasser als Baby, als Kind vor dem Christbaum – »auch ein Finanzminister hat mal ans Christkind geglaubt« –, Grasser als Teenager mit Hund, Grasser beim Golfen, Wasserskifahren und Bungee-Jumping, Grasser mit Bill Gates und anderen Promis. Auch wenn die Homepage gut gemacht war: Mit den kolportierten Kosten von einer viertel Million Euro war sie ganz schön teuer.

Aufgeflogen war die Affäre, weil die SPÖ im Juni 2003 mittels einer dringlichen Anfrage im Nationalrat wissen wollte, wie viel Geld Grasser für Öffentlichkeitsarbeit ausgab. Dabei wurde auch die Homepage thematisiert. Diese sei natürlich »privat und von Sponsoren finanziert«, sagte der Finanzminister und legte damit seinen Gegnern den Ball auf den Elfmeterpunkt. Denn nun wollten alle wissen, wer denn die ominösen Sponsoren waren und wie viel diese gezahlt hatten. Die tatsächliche Höhe der Spende wurde übrigens erst ein halbes Jahr nach Auffliegen der Affäre bekannt. Zuvor hatte die IV nur 175.000 Euro zugegeben.

Es mag zwar Anlass zum Stirnrunzeln sein, dass eine private Lobbying-Organisation der Industrie einem wirtschaftsliberalen Minister dessen politische Propaganda zahlte. Das ist aber erstens im internationalen Vergleich gesehen nicht ungewöhnlich und zweitens auch nicht strafbar. Allerdings legte die Opposition die Spende aus tagespolitischem Kalkül so aus, als sei sie Grasser persönlich zugutegekommen. Damit hätte er für das Geld entweder Schenkung- oder Einkommensteuer zahlen müssen. Der Minister selbst ließ alle Vorwürfe an seiner schon damals teflongestärkten weißen Weste abperlen und hielt den Kritikern entgegen, er sei ja gar nicht Mitglied des *Vereins zur Förderung der New Economy*, habe also folglich auch mit der Homepage nichts zu tun, sondern für diese nur ein paar Fotos zur Verfügung gestellt.

Die Justiz stellte das Verfahren gegen den Minister wegen möglicher Hinterziehung der Schenkungsteuer im Frühjahr 2005 ein. Die interessante Begründung: Grasser habe über das Geschenk der IV nie die volle Verfügungsgewalt gehabt und auch die Gestaltung der Homepage nicht beeinflusst. Vier Monate später wurde auch das Verfahren gegen Vereinsobmann Winkler wegen des Verdachts der Steuerhinterziehung und Untreue eingestellt. Eine Steuerprüfung des Grasser-Fördervereins hatte bereits 2003 keine Verstöße gegen das Steuerrecht ergeben, was nicht wirklich überraschte. Schließlich war der Prüfer einer der damaligen engsten Mitarbeiter des Finanzministers gewesen. Dafür gab's zwar 2005 eine heftige Schelte durch den Rechnungshof, das war's dann aber auch schon.

UNDURCHSICHTIGE AKTIENGESCHÄFTE

Rechtlich hatte Grasser die Affäre damit ausgestanden. Ein schaler Nachgeschmack blieb dennoch: Für die teure Homepage war nämlich ursprünglich ein Unternehmen namens *FirstInEx* beauftragt worden. Finalisiert hat das Werk dann die Agentur *Matrix*, die wiederum die Tochter der PR-Agentur des bereits erwähnten Grasser-Freundes Peter Hochegger war. Einer der Aktionäre von *FirstInEx* war »zufällig« Grassers Vater Karl. Das Unternehmen hatte davor im Jahr 2000 ebenso »zufällig« den Auftrag erhalten, die Homepage des Finanzministeriums nach dem Abgang von Rudolf Edlinger (SPÖ) und dem Antritt Grassers neu zu gestalten. *FirstInEx*-Vorstand war wiederum »zufällig« Grassers Schulfreund Dieter Jandl.

Damit aber nicht genug der »Zufälle«: *FirstInEx* war wiederum eine Tochter des Internetanbieters *Yline*, und von dieser besaß der Finanzminister selbst eine Zeit lang »zufällig« 285 Aktien, wie er später unter Druck einräumen musste. Das war zwar ein vergleichsweise lächerlicher Anteil, die Optik war aber windschief. Hinweise und Berichte, wonach Grassers Aktienpaket bei *Yline* wesentlich größer und er auch an *FirstInEx* direkt beteiligt gewesen sein könnte, konnten nie verifiziert werden. *Yline* wurde im Zuge der Internetblase an der Börse hochgejubelt und schlitterte dann im September 2001, kurz nach Erstellen der Grasser-Hompage, unter nie näher geklärten Umständen in die Pleite. Am Ende blieb ein Schuldenberg von 22 Millionen Euro übrig.

Auch wenn der Eindruck verheerend war: Rechtlich war es völlig in Ordnung, dass der Finanzminister Aktien besessen und das nicht bekannt gegeben hatte. Er hätte den Besitz nur dann dem parlamentarischen Unvereinbarkeitsausschuss melden müssen, wenn es sich um eine qualifizierte Mehrheit an der Gesellschaft gehandelt hätte – sprich: wenn er allein über seinen Anteil *Yline* kontrollieren hätte können. Das war bei Grassers 285 Aktien natürlich keineswegs der Fall. Dennoch: Unübersichtliche Zahlungen, überteuerte Leistungen, verdeckte und geheime Beteiligungen und Prüfungen, die sich im Nachhinein als Farce herausstellten: In der Homepage-Affäre war bereits vieles von dem enthalten, was auch in späteren Affären rund um Grasser auftauchen sollte. Schon Ende 2003 schrieb die *APA*: »Für Grasser war es ein Jahr der Negativ-Schlagzeilen.«

Im Zuge der Homepage-Affäre gab es auch Aufregung um Spenden an einen Sozialfonds Grassers. Der Minister war als Shootingstar der heimischen (Wirtschafts)Politik ein begehrter Stargast und Vortragender. Auf die Frage nach Honoraren hatte er in guter Absicht stets gemeint, man möge doch Spenden leisten, die in einen Sozialfonds wandern sollten. Diesen Fonds gab es erst ab dem Jänner 2004, gespendet war aber schon im Vorfeld worden – zumindest dreimal. Denn so viele Zahlungen wurden im Nachhinein öffentlich. So gab es etwa eine Spende der *Basler Versicherung* über 5000 Euro, die direkt an das Ministerbüro gegangen und mit der Bitte verbunden war, das Geld an die Opfer des Donauhochwassers vom August 2002 weiterzuleiten. Grasser hatte kurz davor einen Vortrag bei einer Veranstaltung des Unternehmens gehalten. Später hatten die Spende und der Vortrag offiziell natürlich nichts miteinander zu tun.

Dieses Geld war daher im Februar 2004 auch nicht auf der Liste von Spenden enthalten, die der ehemalige Präsident der Notariatskammer Georg Weißmann als Kurator des *Karl-Heinz-Grasser-Sozialfonds* veröffentlichte. Was mit der Spende der *Basler Versicherung* und zwei weiteren milden Gaben passiert war, blieb unklar. Grassers Sozialfonds enthielt einen Monat nach der offiziellen Gründung 42.151,31 Euro – der Finanzminister selbst hatte 1000 Euro eingezahlt, 10.000 Euro stammten vom *Verein zur Förderung der New Economy*, der hinter Grassers Homepage stand.

Weitere 10.000 Euro hatte der *Österreichische Raiffeisenverband* gespendet, 7500 Euro die *Bank Austria*, 5000 Euro ein Freund Grassers, der Immobilienmakler Ernst Karl Plech, der in diesem Buch noch oft vorkommen wird. Der Rest stammte von 58 weiteren Spendern.

2005 wurden weitere 12.000 Euro gespendet, 2006 sogar 25.000 Euro. Im Herbst 2007 stand der Grasser-Sozialfonds dann aber vor dem Aus, weil es in diesem Jahr keine Einnahmen mehr gegeben hatte. Das gesamte Geld sei bis auf einen kleinen Restbetrag an bedürftige Familien ausgezahlt worden, teilte der damalige Fondsverwalter Christian Mayer dem *profil* mit. Wer die Empfänger der Spenden waren und wie diese ausgewählt worden waren, wurde nie bekannt.

5.
Die Buwog-Affäre

Im September 2009 hatte Grasser ziemlich viel um die Ohren: Die *Meinl*-Affäre hatte wenige Monate davor mit der Verhaftung von Julius Meinl V. ihren Höhepunkt erreicht. Grasser hatte zwar rechtzeitig die Notbremse gezogen und sich öffentlich von seinem Geschäftsfreund losgesagt, verlor dadurch aber endgültig seinen Job als Manager des Kraftwerksfonds *MIP*. Noch dazu ermittelte die Justiz im weiteren Umfeld der Affäre auch gegen ihn. Und als würde das alles nicht schon genügen, stießen Ermittler, die sich mit der Pleite der *Constantia Privatbank* beschäftigten, in ebenjenem September auf – um es höflich zu formulieren – ungewöhnliche und vor allem nicht versteuerte Provisionszahlungen an die Grasser-Freunde und Geschäftspartner Peter Hochegger und Walter Meischberger. Die beiden erstatteten am 18. September 2009 flugs Selbstanzeigen bei ihren zuständigen Finanzämtern, um einem Finanzstrafverfahren und einer möglichen Haftstrafe zu entgehen. Damit lösten sie aber eine Lawine aus, an deren Ende sie nicht nur selbst verschüttet werden könnten, sondern die auch Grasser mit in den Abgrund reißen könnte.

Worum geht's? Um sein Nulldefizit zu erreichen, hatte der damals neue Finanzminister Karl-Heinz Grasser 2001 wie erwähnt nicht nur kräftig an der Steuer- und Abgabenschraube gedreht, sondern auch den Verkauf von seiner Meinung nach nicht notwendigem Staatsbesitz in die Wege geleitet. Auf der Suche nach verwertbarem Vermögen fiel einer seiner ersten Blicke auf rund 60.000 Wohnungen, die dem Bund gehörten – genauer: mehreren Wohnbaugesellschaften, von denen die *Bauen und Wohnen GmbH (Buwog)* die größte war. Die Republik hatte die *Buwog*

1950/51 als Wohnungsgesellschaft für ihre Bundesbediensteten gegründet. Ihre Funktion schien aus der neoliberalen Sicht der neuen Regierung überholt, also fasste Grasser bereits im Jahr 2000 den Beschluss, die Wohnungen zu verkaufen. Um die Geldbeschaffungsaktion besser vermarkten zu können, wurde sie ganz unter dem Motto »Mehr Privat – weniger Staat« als Privatisierung bezeichnet.

Zuerst versuchte das Finanzministerium die Wohnungen den Mietern zu verkaufen, was allerdings auf wenig Interesse stieß, obwohl doch die *Buwog* für »schöner Wohnen« stand. Zumindest ist der Slogan auf dem Dach eines Wohnblocks zu lesen, der Teil einer großen Anlage der *Buwog* in Wien-Hütteldorf ist. 2002 wurde es dann offiziell: Die *Buwog* stand als Ganzes zum Verkauf und mit ihr drei weitere Wohnungsgesellschaften des Bundes: die *ESG Villach*, die *WAG Linz* und die *EBS Wohnungs GmbH Linz*. Weil es im Finanzministerium offenbar nicht genügend Fachleute für den Verkauf von Wohnungen gab, suchte Grasser eine große Bank, die das Geschäft abwickeln sollte. In einem Wettbewerb machte schließlich das US-Bankhaus *Lehman Brothers* das Rennen vor der *CA-IB*, einer Investmentbank aus dem Konzern der *Bank Austria*. Wie spätere Ermittlungen und Enthüllungen durch Medien zeigen sollten, ging offenbar bereits bei der Vergabe dieses Auftrags nicht alles mit rechten Dingen zu. Dazu würde auch passen, dass nach dem Knittelfeld-Putsch in der FPÖ erzählt worden war, Grasser wolle nach seiner politischen Karriere in den Europa-Vorstand der *Lehman Brothers* wechseln. Aber wie gesagt: Das sind alles nur Gerüchte und Verdachtsmomente.

DIE PLEITE DER CONSTANTIA PRIVATBANK

Das Paket aus *Buwog* und den drei weiteren Wohnungsgesellschaften ging schließlich um 961 Millionen Euro an ein österreichisches Bieterkonsortium, dem die *Raiffeisen-Landesbank Oberösterreich (RLB OÖ)*, die *Wiener Städtische Versicherung* und die *Im-*

mofinanz angehörten. Bei Letzterer handelte es sich um eine international tätige Immobiliengesellschaft, die auch an der Wiener Börse notiert und so eng mit der *Constantia Privatbank* verwoben war, dass es im Führungsbereich zum Teil personelle Überschneidungen gab. Der Schwerpunkt der 1990 gegründeten Gesellschaft lag zwar vor allem in Österreich und Deutschland. Immer stärker orientierte sie sich aber auch nach Osteuropa, von wo sie offenbar einige Geschäftspraktiken zurück nach Österreich importierte.

Im Gefolge der Finanzkrise 2008, die ja im Wesentlichen durch eine geplatzte Spekulationsblase auf Immobilien entstanden war, verlor die *Immofinanz* innerhalb eines Jahres 95 (!) Prozent ihres Börsenwertes und brachte damit auch die *Constantia Privatbank* zu Fall. Die Staatsanwaltschaft Wien startete ein Verfahren gegen den ehemaligen Vorstand Karl Petrikovics, das bei Drucklegung dieses Buches noch nicht abgeschlossen war. Für ihn gilt die Unschuldsvermutung. Wenn man sich in Wien vom Museumsquartier kommend dem Karlsplatz nähert, fällt einem nachts sofort das leuchtende Logo der *Immofinanz* auf, das perspektivisch gesehen ironischerweise gleich neben dem Logo des Sportwetten-Anbieters *Admiral* prangt. Aber das ist wieder einmal eine andere Geschichte.

Für das Thema dieses Buches ist nur wichtig, dass durch die Finanzkrise nicht nur die *Immofinanz*, sondern auch die *Constantia Privatbank* zusammenbrach. Die kleine Bank bestand erst seit 1986, war eine Gründung der österreichischen Industriellenfamilie Turnauer *(Constantia Industrieholding)* und sollte vor allem die Vermögen von Unternehmern und Adeligen verwalten. Nebenbei trat der als glühender Monarchist bekannte Patriarch Herbert Turnauer (1907–2000) auch als Förderer von Jörg Haider auf und soll diesem im Spätherbst 1996 bei einem Besuch eine Spende von fünf Millionen Schilling (363.000 Euro) »im Plastiksackerl« mitgegeben haben, wie *News*-Journalist Kurt Kuch in seinem Buch »Land der Diebe« schreibt. Dabei beruft er sich auf den ehemaligen Polizisten und FPÖ-Funktionär Josef Kleindienst, der mit sei-

nem im Jahr 2000 erschienenen Enthüllungsbuch »Ich gestehe«
auch die FPÖ in Erklärungsnotstand gebracht hatte.

Zurück aber zur *Constantia Privatbank*: Es ist nach den trauma-
tischen Erfahrungen in der Weltwirtschaftskrise Ende der Zwan-
zigerjahre des vergangenen Jahrhunderts ein Grundkonsens der
österreichischen Wirtschaftspolitik, dass keine Bank in Konkurs
geschickt wird, weil die Folgen für die Gesamtwirtschaft unvor-
hersehbar wären. Deshalb organisierte auch der Staat die Rettung
der *Constantia Privatbank* und übernahm direkt aus Steuermitteln
die Haftung für 400 Millionen Euro, die Nationalbank bürgte für
weitere 50 Millionen. Ein Konsortium der fünf größten heimischen Banken – *Bank Austria*, *Erste Bank*, *Raiffeisen Zentralbank*,
Volksbanken und *BAWAG P.S.K.* – übernahm das Pleite-Institut.
Die Bank wurde saniert, ohne dass die Bundeshaftungen in Anspruch genommen werden mussten. Als *Semper Constantia Privatbank* ist das Geldinstitut heute wieder selbstbewusst tätig, als hätte es den De-facto-Konkurs nie gegeben, und verfügt laut Homepage wieder »über eine breite Palette von indirekten und direkten
Immobilieninvestments«.

VERSCHLUNGENE WEGE

Bei der Aufarbeitung der *Constantia*-Affäre tauchten dann ebenje-
ne 9,6 Millionen Euro auf, die rasch Grassers Trauzeugen Meischberger und dem gemeinsamen Freund Hochegger zugerechnet
werden konnten. Bei dem Geld handelte es sich offiziell um eine
Provision für Vermittlungstätigkeiten, die indirekt von der *Immofinanz* stammte und über ein Unternehmen namens *CPB* ausgezahlt wurde, das wiederum eine Tochter der *Constantia Privatbank*
war. Hochegger erhielt nur 20 Prozent der 9,6 Millionen Euro,
1,9 Millionen Euro. Der Löwenanteil von 80 Prozent oder rund
7,7 Millionen Euro ging an Meischberger. Dieses Geld wurde über
die zypriotische Briefkastenfirma *Astropolis* an der heimischen
Finanz vorbeigeschmuggelt. Dann ging es laut Kurt Kuch und

seinem Buch »Land der Diebe« an das in Delaware (USA) ansässige Unternehmen *Omega*, das wiederum ein Konto in Liechtenstein besaß. Dort wurde das Geld bar behoben und auf drei Konten Meischbergers bei der *Hypo Invest Bank* in Liechtenstein eingezahlt. Dort wurde es abermals bar behoben und nach Wien gebracht. Am Ende soll Meischberger eine halbe Million in den *MIP*-Fonds seines Freundes Grasser investiert haben. Weil er nach eigener Aussage vor der Justiz wegen der Nähe zu Grasser nicht persönlich in Erscheinung treten wollte, griff Meischberger mit dem Schweizer Norbert Wicki auf jenen Treuhänder zurück, der seit 15 Jahren auch Grassers Schwiegermutter Marina Giori-Lhota beraten soll. Diese wird an späterer Stelle noch eine Rolle spielen.

Meischberger hatte anfangs gegenüber dem *Kurier* noch versichert: »Ich werde die Steuer nachzahlen.« Als dann im September 2010 eine Forderung des Finanzamts Wien über 3,8 Millionen Euro Einkommensteuer und 1,6 Millionen Euro Umsatzsteuer – in Summe 5,4 Millionen Euro – eintrudelte, wollte er von diesem Versprechen nichts mehr wissen. Er erhob laut *Standard* offiziell Einspruch gegen die Vorschreibungen, und zwar mit dem Argument, Beratungsleistungen seien nicht umsatzsteuerpflichtig und Einkommensteuer sei gar keine angefallen. Dabei berief er sich auf Paragraf 2 des *Buwog*-Privatisierungsgesetzes, wonach »sämtliche mit dem Verkauf der Wohnungen in Zusammenhang stehende Vorgänge von allen Bundesabgaben befreit sind«. Der Entwurf für dieses Gesetz, das mit den Stimmen von ÖVP und FPÖ im Nationalrat beschlossen wurde, stammt – wie sollte es auch anders sein – aus dem Finanzministerium von Karl-Heinz Grasser.

Es ist aus Meischbergers Sicht verständlich, dass er sich gegen die Vorschreibung wehrt. Sollte er die Nachforderung nämlich nicht zahlen können, würde die Selbstanzeige ihre strafbefreiende Wirkung verlieren. Ironischerweise soll Meischberger laut dem *Standard* klamm sein, weil sein Geld wegen des offenen Strafverfahrens in Liechtenstein eingefroren ist. Seine Villa im Wiener Nobelbezirk Döbling soll »Meischi« aber bereits verkauft haben.

An 1,3 Millionen Euro, die er noch in Immobilien investiert haben soll, soll er aber nicht herankommen, weil er das Geld treuhänderisch über seinen Freund Hochegger angelegt haben und selbst nicht aufgetreten sein soll. Auf sämtliche Hochegger-Immobilien hat wiederum die Finanz eine Sicherstellungs-Exekution erwirkt, weil Hochegger selbst ein offenes Finanzverfahren am Hals hat.

Zurück aber zu den 9,6 Millionen Euro Provision: Nicht nur die Quelle des Geldes, die am *Buwog*-Kauf beteiligte *Immofinanz*, auch die Höhe des Betrags ließ bei den Ermittlern im September 2009 umgehend die Alarmglocken schrillen. Schließlich handelte es sich exakt um 1 Prozent des Kaufpreises, den das Bieterkonsortium aus *RLB OÖ*, *Wiener Städtische* und *Immofinanz* für das *Buwog*-Paket gezahlt hatte. Völlig überraschend hatte diese Gruppe 2004 im zweiten Teil des Ausschreibungsverfahrens mit 961,2 Millionen Euro die bis dahin meistbietende *CA Immo* nur hauchdünn überboten – die *CA Immo* wollte 960 Millionen Euro zahlen. Der Preis pro Wohnung betrug damit nur knapp mehr als 16.000 Euro – ein wahres Schnäppchen, auch wenn zahlreiche Objekte sanierungsbedürftig waren.

Der Verdacht: Grasser soll die Höhe des Gebots der *CA Immo* seinem Freund Meischberger verraten haben, der es wiederum an Hochegger weitergegeben haben soll. Und dieser soll dann das Wissen teuer an die *Immofinanz* verkauft haben. Um es hier noch einmal explizit festzuhalten: Die Vorwürfe sind nicht bewiesen – es gilt selbstverständlich die Unschuldsvermutung. Hochegger hat vor der Justiz ausgesagt, Meischberger sei an ihn herangetreten und habe vorgeschlagen, sich der *Immofinanz* anzubieten. Nachdem eine Provision von einem Prozent der Gesamtsumme vereinbart worden war, habe er, Hochegger, an die *Immofinanz* Informationen aus dem Vergabeverfahren weitergegeben, die er von Meischberger erhalten hatte: »Meine Empfehlung an Petrikovics *(den ehemaligen Vorstandsvorsitzenden der Immofinanz – Anm. d. Verf.)* war, nicht unter 960 Millionen Euro zu bieten. Der Zuschlag war dann bei 961 Millionen Euro.« Diese Aussage belastet Grasser schwer, war er doch zu diesem Zeitpunkt nicht nur

Finanzminister, der die beiden Angebote kannte, sondern auch der beste Freund Meischbergers.

International sind für solche Informationen aber offenbar Provisionen von 10 Prozent der späteren Auftragssumme üblich, wie der gerichtlich bereits abgehandelte Schmiergeldskandal rund um den Bau der Allianz-Arena in München und den österreichischen Baukonzern *Alpine* zeigt. Auch dort zahlte die *Alpine* 1 Prozent der Angebotssumme, 2,8 Millionen Euro, um die Höhe des Angebots des Mitbewerbers zu erfahren. Die Staatsanwaltschaft geht auch dem Verdacht nach, wonach Meischberger einen Teil der Provision über ein komplexes Geflecht aus Briefkastenfirmen und Konten an Grasser weitergeleitet haben könnte, was dieser natürlich heftig bestreitet. Er betonte auch stets, weder Meischberger noch Hochegger die Höhe des Angebots der *CA Immo* verraten zu haben, nichts vom Handel zwischen der *Immofinanz* und Meischberger/Hochegger gewusst und schon gar nicht davon profitiert zu haben. Außerdem sei bekannt gewesen, dass das Ministerium durch die *Buwog*-Privatisierung rund eine Milliarde Euro einnehmen wollte.

Dennoch machte es die Ermittler stutzig, dass sich der damalige Finanzminister im Jahr 2004 von Meischbergers Agentur *ZehnVierzig* eine Urlaubsreise auf die Seychellen bezahlen ließ. Die Reise fand nämlich nur acht Wochen vor dem *Buwog*-Verkauf statt. Grasser erklärte später, die Reise in Wirklichkeit selbst gezahlt zu haben. Er habe aber über Meischberger gebucht, da dieser Sonderkonditionen erhalten hätte. Meischberger konnte sich bei einer Einvernahme nicht mehr so genau daran erinnern, wie das *profil* aus den Protokollen zitierte: »Er wird es mir bar gegeben haben oder hat es mir überwiesen (…) Ich weiß nicht mehr, ob er es mir bar gegeben hat (…) Vielleicht habe ich einen billigeren Preis bekommen (…) Es kann sein, dass (…) ich dort für ein besonderes Arrangement angerufen habe.«

Die Ermittlungen der Staatsanwaltschaft Wien verliefen anfangs wieder einmal nur schleppend. Nachdem sich gut ein Jahr lang fast nichts getan hatte, wurde am 15. Dezember 2009 der zuständige Staatsanwalt Norbert Haslhofer überraschend abberufen – offiziell auf eigenen Wunsch, wie ein Sprecher der Behörde erklärte: »Haslhofer wird auf eigenen Wunsch hin zufolge langfristig geplanter beruflicher Veränderung eine mit allgemeinen Strafsachen befasste Abteilung der Staatsanwaltschaft Wien übernehmen.« Unter der Leitung von Markus Fussenegger führte die Staatsanwaltschaft in einer konzertierten Aktion dann schließlich am 26. Jänner 2010 zwölf Hausdurchsuchungen in Österreich und drei weitere in Liechtenstein durch. Durchsucht wurde auch das Haus des Wiener Immobilienmaklers und Grasser-Vertrauten Ernst Karl Plech. Er war Aufsichtsratsvorsitzender der *Buwog* gewesen und gleichzeitig auch Mitglied der Vergabekommission, die über den Verkauf entschieden hatte.

Die Staatsanwaltschaft ließ auch ein Konto der *Mandarin Group Ltd.* bei der *Raiffeisen Bank Liechtenstein* einfrieren, auf das laut Gerichtsunterlagen Geld von Meischberger geflossen war. Geprüft werden auch mögliche Verbindungen zwischen der *Mandarin Group* und der *Treuhandgesellschaft Ferint AG*. Diese sitzt in der Schweiz und wird Grasser zugerechnet. So soll Grasser seinen Gewinn von 263.000 Euro aus dem dubiosen Verkauf der *Hypo Group Alpe Adria* im Jahr 2006 über die *Ferint AG* bezogen haben, so der Verdacht – mehr dazu später. Am 10. Juli 2010 bestätigte die Staatsanwaltschaft Wien, dass sie wegen des Verdachts der Untreue im Zusammenhang mit der *Buwog*-Privatisierung Strafverfahren gegen Plech, Meischberger, Hochegger, Grasser und dessen ehemaligen Kabinettsmitarbeiter Michael Ramprecht eingeleitet hatte.

Grundlage war eine Sachverhaltsdarstellung der grünen Nationalrätin Gabriela Moser. Da der Schaden 50.000 Euro übersteigt, drohen den drei, die offiziell als Beschuldigte geführt werden, bei einer Verurteilung bis zu zehn Jahre Haft. Bei Grasser kamen noch Verdachtsmomente hinsichtlich Amtsmissbrauch und Bruch des Amtsgeheimnisses dazu. Er wurde dazu am 2. und 8. September 2010 neun bzw. sechs Stunden lang von Ermittlern und Staatsanwälten einvernommen. Allein die Dauer der Verhöre zeigte, dass die Justiz dem komplexen Fall tatsächlich bis auf den tiefsten Grund gehen wollte. Und natürlich ging es auch darum, den wartenden Medien zu demonstrieren, wie genau man es mit den Ermittlungen nahm. Nach den beiden Marathon-Einvernahmen startete Grasser eine Medienoffensive: Er erklärte, der Justiz von sich aus alle seine Konten offenlegen zu wollen, und zeigte sich demonstrativ zuversichtlich, dass nun alle Fragen beantwortet seien und keine weitere Befragung mehr notwendig sei.

Zu seinem Unglück war diese Hoffnung trügerisch: Am 16. Februar 2011 wurde Grasser zum dritten Mal einvernommen. Dieses Mal hielt die Staatsanwaltschaft offenbar keinen Aktionismus mehr für notwendig, sodass die Medien nicht im Vorfeld informiert worden waren. »Dieser Termin kam auf Anregung des Beschuldigten zustande und sollte dazu dienen, den Ermittlungsbehörden weitere Unterlagen, insbesondere zum untersuchten Vorwurf der Abgabenhinterziehung *(mehr dazu später – Anm. d. Verf.)*, auszufolgen.« Im Klartext: Grasser übergab der Justiz Papiere, die im Zusammenhang mit dem im September angekündigten finanziellen Striptease standen. Anfang August 2011 gab es dann sogar noch eine vierte Befragung. »Es hat sich um eine ergänzende Einvernahme im *Buwog*-Verfahren gehandelt, in der noch einige Fragen abgeklärt werden mussten«, sagte Grassers Anwalt Manfred Ainedter zur Tageszeitung ÖSTERREICH. Im Oktober 2010 war auch Gattin Fiona zur Einvernahme gebeten worden. Sie verweigerte aber die Aussage, was ihr als Ehefrau des Beschuldigten zusteht, ohne dass sie negative Folgen befürchten muss. Außerdem hat die Staatsanwaltschaft in der Causa *Buwog* an prominenten Zeugen die beiden ehemaligen Infrastrukturminister im Kabinett Schüssel I, Michael Schmid und dessen Nachfolgerin Monika Forstinger (beide FPÖ), befragt.

DIE ABHÖRPROTOKOLLE

In der Justiz scheint es Vertreter zu geben, die offenbar fürchten, Grasser und sein Freundeskreis könnten in der *Buwog*-Affäre doch noch den Kopf aus der Schlinge ziehen, die eigentlich schon ziemlich eng zu sitzen scheint. Die Medien waren nämlich immer ganz genau über die Ermittlungsschritte informiert: Ab Mitte 2010 wurden Journalisten laufend Teile der Ermittlungsakten zugespielt, womit sich der oder die Informanten eigentlich selbst strafbar machten. Die erste brisante Enthüllung: Das Morgenjournal von *Ö1* meldete am 14. Juli 2010, schon Anfang des Jahres habe die Justiz drei Telefonanschlüsse Meischbergers abgehört, darunter auch sein Handy. Dabei sei klar geworden, dass Grasser weiterhin Kontakt zu seinem Trauzeugen hatte, obwohl er das im Zivilprozess gegen seinen Ex-Mitarbeiter Michael Ramprecht bei der Einvernahme unter Wahrheitspflicht vehement bestritten hatte: »Zu Meischberger habe ich kein Verhältnis. Weil ich die Medienberichterstattung zu dieser Frage brauche wie einen Kropf. Das ärgert mich in hohem Maße und deswegen habe ich keinen Kontakt.« Grasser hatte Ramprecht geklagt, weil dieser gegenüber dem *profil* in der *Buwog*-Causa von einem »abgekarteten Spiel« gesprochen hatte. Dem *ORF* wurde zudem »gesteckt«, die Staatsanwaltschaft prüfe im Zusammenhang mit Grasser nun auch den Vorwurf der Falschaussage. Bei einer Verurteilung stünden allein dafür bis zu drei Jahre Gefängnis.

Nun war bekannt, dass es brisante Telefonprotokolle gab, was das Interesse der investigativen Journalisten an dem Fall noch mehr steigerte. Das dürfte der Informant auch beabsichtigt haben. Anfang Dezember 2010 erschien dann die Wiener Stadtzeitung *Falter* mit einer Enthüllungsstory, die offenbar direkt aus der Abschrift der aufgezeichneten Meischberger-Telefonate gespeist war. So meldete die Zeitung, Meischberger habe sich mit Grasser über eine Provision von 800.000 Euro beraten, die er vom Baukonzern *Porr* erhalten hatte. Offenbar hätte er selbst nicht so genau gewusst, wofür das Geld eigentlich gewesen war. Die Protokolle selbst wurden noch nicht veröffentlicht, weil Medien laut österreichischem Recht nicht aus Gerichtsakten zitieren dürfen. Dieses Verbot umging der *Falter* dann am 21. Dezember 2010 durch einen Trick: Die Redaktion hatte die Abschriften der abgehörten Telefonate, die ihr offenbar in vollem Umfang vorlagen, an Grünen-Nationalrätin Gabriela Moser weitergegeben. Diese ließ aus dem brisanten Material eine parlamentarische Anfrage an die damalige Justizministerin Claudia Bandion-Ortner (ÖVP) zimmern, in der ausgiebig aus den Gesprächsprotokollen zitiert wurde. Aus solchen parlamentarischen Unterlagen wiederum dürfen Medien im Gegensatz zu Gerichtsunterlagen straffrei zitieren. Also ließ Moser ihre Anfrage dem *Falter* »exklusiv« zukommen, der nun endlich seine eigene Geschichte drucken durfte. Das Interesse an der Enthüllungsgeschichte des Jahres war so groß, dass zeitweise sogar der Server der Zeitung zusammenbrach.

Die Protokolle geben den Inhalt von Telefonaten am 29. Jänner, 1. und 2. Februar 2010 wieder. Im Wesentlichen ging es um die 800.000 Euro der *Porr* an Meischberger. Über diesen Geldfluss beriet er sich nicht nur mit Grasser, sondern auch mit Plech. Die Zahlungen des Baukonzerns haben nur auf den ersten Blick recht wenig mit Grasser zu tun. Laut *Falter* besteht nämlich der Verdacht, es handle sich um eine Provision dafür, dass Meischberger seinen Einfluss auf Grasser geltend machte, damit das Finanzministerium Gebäude der *Porr* anmietet. Auch Grünen-Abgeordnete Moser sah durch die Telefonprotokolle den Verdacht erhärtet, es sei bei der Übersiedlung von Finanzdienststellen nicht mit rechten Dingen zugegangen und der Steuerzahler sei dadurch kräftig geschädigt worden. So seien der *Bundesimmobiliengesellschaft (BIG)* allein Mieten in Millionenhöhe entfallen, weil in Linz Dienststellen des Finanzministeriums in den Terminaltower übersiedelten, den wiederum die *Porr* gebaut hatte.

Aus den Protokollen geht hervor, dass Meischberger regelrecht verzweifelt war, weil er nicht erklären konnte, wofür er die 800.000 Euro der *Porr* eigentlich erhalten hatte. Seine Seelenlage gipfelte in der mittlerweile legendär gewordenen Frage an

Plech: »Wo woar mei Leistung?« und im Eingeständnis der völligen Ahnungslosigkeit gegenüber Grasser: »Da bin ich jetzt supernackt.« Die Antworten waren nicht minder aufschlussreich. »Deine Leistung war, ah, deine Leistung woar, ahhhh, dass du, ich bin jetzt völlig durcheinander wegen der anderen G'schicht do«, antwortete Plech. Und Grasser gab seinem Trauzeugen den Rat: »Da würd ich halt ein bisschen eine Recherche machen.« Der *Falter* sah zudem eine »völlig neue Dimension« in der *Buwog*-Affäre und betonte, in den Protokollen sei auch nachzulesen, wie sich Meischberger, Plech und Grasser vor den Einvernahmen zur *Buwog*-Affäre abgesprochen und ihre Aussagen aufeinander abgestimmt hätten.

Um den Inhalt der Protokolle noch bekannter zu machen, kam es zu einem bislang einzigartigen Aktionismus an der Uni Wien: In einer Vorlesung des bekannten Dekans der rechtswissenschaftlichen Fakultät, des Verfassungsrechtlers Heinz Mayer, lasen die Kabarettisten Thomas Maurer, Robert Palfrader und Florian Scheuba unter dem Titel »Da bin ich jetzt supernackt« am 17. Jänner 2011 aus den Abhörprotokollen. »Regie« führte der stellvertretende *Falter*-Chefredakteur Florian Klenk, der die Anfrage von Moser initiiert und die Enthüllungsstory geschrieben hatte. Bei dem Stück handle es sich um ein »postmodernes Drama« über einen Menschen »im Fadenkreuz der Globalisierung«, ätzte Scheuba gegenüber dem *Falter*. Am Schluss stehe der Protagonist »vor der nahezu Hamlet'schen Frage«: »Wo woar mei Leistung?« Mehr als tausend Zuhörer drängten sich in den Hörsaal – darunter zahlreiche Promis und inkognito auch jener Informant, der dem *Falter* die Protokolle übermittelt hatte. Mehrere Tausend Interessierte fanden keinen Einlass mehr. Die theatralische Lesung wurde zum vollen Lacherfolg und wenige Tage später noch einmal wiederholt. Unter den Besuchern der Premiere war auch Grasser-Anwalt Manfred Ainedter, der bei der »Vorlesung« beobachtet wurde, wie er selbst lachen musste, und danach gegenüber der *Zeit im Bild* meinte: »Natürlich ist es humoristisch, aber das ist nicht strafbar.«

Maurer, Palfrader und Scheuba lasen auch Teile der Protokolle vor, die bislang noch nicht durch die parlamentarische Anfrage der Grünen publik geworden waren. Auch hier wurde das Medienrecht wieder geschickt umgangen: Da eine Vorlesung kein Medium sei, gelte das Medienrecht nicht, erklärte Professor Mayer. Offiziell warnte er aber die zahlreichen im Saal anwesenden Journalisten davor, die neuen Passagen zu veröffentlichen. Allerdings ist in Österreich noch kein Fall bekannt, bei dem ein Journalist verurteilt worden wäre, weil er Zitate aus einer Uni-Vorlesung wiedergegeben hatte.

Grasser reagierte wieder einmal medienwirksam und schrieb einen offenen Brief an die damalige Justizministerin Claudia Bandion-Ortner (ÖVP). Darin sprach er von einem »Schauprozess« und zeigte sich »entsetzt und empört« darüber, »dass es in unserem Rechtsstaat möglich ist, streng vertrauliche und geheime Abhörprotokolle von Telefonüberwachungen, die noch dazu unter dem besonderen Schutz des Mediengesetzes stehen, im Audimax der Universität Wien unter Gejohle und Gepfeife der ›Gäste‹ kabarettistisch vorzutragen«. Grassers Entrüstung war aus seiner Sicht verständlich und hätte wohl auch einigen medialen Widerhall gefunden. Zu seinem Pech wurde aber ausgerechnet tags darauf seine Selbstanzeige an das Finanzamt und damit die Geldboten-Affäre bekannt – mehr dazu später. Dementsprechend harsch war auch die Reaktion der Ministerin auf den offenen Brief: »Man muss Herrn Grasser schon deutlich zurechtweisen und von seinem hohen Ross herunterholen.«

Dabei war Meischberger lange nicht der Einzige, den die Justiz abgehört hatte. Im August 2011 meldete *Format*, die Justiz habe nun Grasser informiert, dass dieser im Vorfeld der ersten beiden Einvernahmen vom September 2010 seit dem Juli abgehört und observiert worden war, »um konspirative Absprachen der Beschuldigten angesichts der Ermittlungsschritte aufzudecken und daraus neue Erkenntnisse in Bezug auf die Geldflüsse zu gewinnen«, wie es in der Anordnung der Überwachung der Staatsanwaltschaft Wien heißt. So wurden acht (!) Handynummern des

Ex-Ministers abgehört. Wofür ein Mensch so viele unterschiedliche Anschlüsse in zwei Monaten braucht, ist eine Frage, die Grasser für sich selbst beantworten muss. Die Menge dürfte die Justiz jedenfalls stutzig gemacht haben. Diese hatte im Vorfeld laut Gerichtsakt mit einem »konspirativen Vorgehen und häufigem Rufnummernwechsel bei Weiterverwendung desselben Geräts« gerechnet und dürfte sich durch den oftmaligen Nummernwechsel bestätigt gesehen haben.

Die Ermittler zeichneten aber nicht nur Grassers Handy-Gespräche auf, sondern überwachten auch die Festnetznummern, den E-Mail-Verkehr, die Aktivität über den Internetdienst Skype und ließen via Online-Ortung auch den jeweiligen Standort des Ex-Ministers feststellen. Daraus fertigten sie Bewegungsdiagramme an. Damit erwies sich im Nachhinein die Kritik an der Justiz als nicht gerechtfertigt, wonach diese den Ex-Minister lange Zeit mit Glacéhandschuhen angefasst hätte. Grasser-Anwalt Manfred Ainedter kündigte umgehend eine Beschwerde an und polterte, sein Mandant sei »wie ein Mafiaboss« behandelt worden. Die groß angelegte Observation habe keine neuen Erkenntnisse gebracht. Neben Grasser und Meischberger war auch der ehemalige Aufsichtsratsvorsitzende der *Buwog* Ernst Karl Plech abgehört worden.

EIN ERSTER ABSCHLUSSBERICHT

Als die Justiz Grasser vom Lauschangriff auf ihn informierte, lag bereits einige Wochen lang – genauer: seit Anfang Juni 2011 – ein erster Abschlussbericht der Staatsanwaltschaft zur *Buwog*-Affäre auf dem Tisch. Dieser umfasste allerdings nur einen Teilaspekt, nämlich die Vergabe des Beratervertrags für die Privatisierung. Aber auch an dieser Nebenfront ging es um zehn Millionen Euro. So viel hatte die US-amerikanische Investmentbank *Lehman Brothers* gemäß einem Auftrag des Finanzministeriums aus dem Jahr 2002 erhalten, um den Bund beim Verkauf der *Buwog* zu beraten.

Knapp sechs Jahre später sollte die Bank mit dem bislang größten Konkurs der Geschichte die weltweite Finanzkrise auslösen – es geht um einen Schuldenberg von bis zu 200 Milliarden (!) Euro. Aber das ist eine andere Geschichte. Grassers Problem im Zusammenhang mit *Lehman Brothers*: Deren Angebot lag gleich um 3,4 Millionen Euro über jenem der *CA-IB*. Kein Wunder also, dass sich die Justiz brennend dafür interessiert, warum der zur Sparsamkeit verpflichtete Finanzminister den Auftrag dennoch der amerikanischen Großbank erteilte.

Im Abschlussbericht, der wieder einmal dem *Format* zugespielt worden war, hieß es dazu, Grasser könnte die Vergabe zugunsten *Lehman Brothers* beeinflusst haben. Dadurch »besteht der Verdacht, dass Mag. Karl-Heinz Grasser seine Befugnis, die Republik Österreich zu vertreten bzw. diese zu verpflichten, wissentlich missbraucht habe (…) Mag. Grasser dürfte gewusst haben, dass zwischen *LB (Lehman Brothers – Anm. d. Verf.)* und *CA-IB* ein Preisunterschied gegeben war. Mit diesem Wissen stimmt er einer Vergabe an *LB* zu, obwohl die Vergabekommission *(des Finanzministeriums – Anm. d. Verf.)* am 05.09.2002 eine einstimmige Entscheidung zugunsten von *CA-IB* gefällt haben dürfte, was zu einer Schädigung der Republik Österreich führte.« Im Klartext: Die Ermittler werfen Grasser Amtsmissbrauch (§ 302 Strafgesetzbuch) und Untreue (§ 153 Strafgesetzbuch) vor. Für Amtsmissbrauch drohen bis zu fünf Jahre Haft, dazu kommen weitere zehn Jahre Haftdrohung für die vermutete Untreue. Warum sollte Grasser, der zwar kein Jurist ist, sich mit Gesetzen aber trotzdem gut auskennt, solche Strafen riskieren? »Mögliches Motiv des Mag. Karl-Heinz Grasser könnte die Freundschaft zu Mag. Karlheinz Muhr gewesen sein«, heißt es im Abschlussbericht. Muhr ist nicht nur ein alter Spezi Grassers, sondern arbeitete auch für *Lehman Brothers*. Ihm selbst wird allerdings keinerlei strafbares oder rechtswidriges Handeln vorgeworfen.

Die eigens eingerichtete Kommission zur Vergabe des Beratervertrags war laut Ansicht der Ermittler nur eine Alibiaktion, am Ende habe Grasser allein und wider besseres Wissen entschieden.

Dazu heißt es im Protokoll der Vergabekommission aus dem Jahr 2002, aus dem *Format* ebenfalls zitierte: »Michael Ramprecht *(der ehemalige Grasser-Mitarbeiter – Anm. d. Verf.)* resümiert, dass seines Erachtens sich ein Kopf-an-Kopf-Rennen zwischen *CA* und *Lehman* herauskristallisiert hat *(bei einem Unterschied von 3,4 Millionen Euro – Anm. d. Verf.)* und er daher eine Rücksprache mit dem Minister vorschlägt, um politische Argumente ebenfalls in die Entscheidung mit einzubeziehen.« Von einer tatsächlich unabhängigen Vergabekommission also keine Spur, es zählten allein die »politischen Argumente«. Das sagte Ramprecht später auch gegenüber den Behörden und zweimal vor Gericht aus.

Davor hatte er gegenüber *profil* von einem »abgekarteten Spiel« gesprochen und davon, wie er vor der Abstimmung andere Kommissionsmitglieder im Auftrag des *Buwog*-Aufsichtsratsvorsitzenden Ernst Karl Plech beeinflusst hatte, der wiederum im Auftrag Grassers gehandelt habe. Für diese öffentliche Aussage verklagte Grasser seinen Ex-Mitarbeiter und das Nachrichtenmagazin wegen übler Nachrede. Einen Teilschuldspruch der ersten Instanz vom 15. Juli 2010 gegen Ramprecht hob das Oberlandesgericht Wien im Mai 2011 wegen Verfahrensmängeln auf. Damit wurde auch eine Geldstrafe von 3600 Euro vorläufig hinfällig. Im September 2011 wurde das Medienverfahren unter großem Interesse erneut aufgerollt. Ramprecht blieb bei seiner Aussage, trotz Drohungen gegen ihn und seine Familie, wie er bei dem Verfahren den anwesenden Journalisten erklärte. Wer ihm gedroht hatte, ließ er aber offen. Zu seinem Motiv meinte er: »Grasser war mein Vorbild, ich tue das, weil ich meinen Beitrag gegen Korruption leisten will.« Der Ex-Minister wiederum erklärte: »Die Optik in der Causa ist schlecht, aber ich habe den Prozess mit zwei Kommissionen vorbildlich eingerichtet. Ich bin überzeugt, dass es ein korrekter Bieterprozess war.« Bei Drucklegung des Buches war das Medienverfahren noch nicht abgeschlossen.

Grassers Ex-Mitarbeiter, der nun erfolgreicher geschäftsführender Gesellschafter eines Zubehörhandels und Reparaturservice für Baumaschinen ist, ist mit seinen Aussagen vor den Ermittlern und im Medienprozess zum Kronzeugen der Staatsanwaltschaft geworden. Das erinnert an den Fall *BAWAG:* Das Teilgeständnis von Ex-Vorstand Johann Zwettler hatte maßgeblich zur Verurteilung des ehemaligen Vorstandsvorsitzenden Helmut Elsner geführt. Dieser wurde 2010 vom Obersten Gerichtshof wegen Betrugs und Untreue mit einer Schadenssumme von 1,72 Milliarden Euro rechtskräftig zu zehn Jahren Haft verurteilt, im Juli 2011 aber wegen Haftunfähigkeit nach viereinhalb Jahren vorzeitig entlassen. Offiziell gibt es in Österreich die Kronzeugenregelung erst seit Anfang 2011. Diese kann nur angewandt werden, wenn der Kronzeuge auspackt, bevor die Justiz gegen ihn aktiv wurde. Und sie garantiert dem Kronzeugen keine Straffreiheit, der Staatsanwalt kann aber von einer Strafverfolgung absehen. Da die Justiz schon vor seinen Aussagen gegen ihn ermittelt hatte, kann Ramprecht offiziell nicht Kronzeuge sein. Schon bislang und weiterhin gilt aber: Ein Geständnis und tätige Reue im Sinne der aktiven Mitwirkung an der Aufklärung können die Strafe nach einer Verurteilung so weit drücken, dass sie nur mehr symbolisch ist.

In der *Buwog*-Affäre erinnerten sich gegenüber der Justiz neben Ramprecht auch zwei weitere Mitglieder der damaligen Vergabekommission deutlich daran: »Die *CA-IB* war Bestbieter und Billigstbieter aller Investmentbanken«, heißt es im Polizeiakt. Dazu kommt: Schon unmittelbar bevor *Lehman Brothers* den Auftrag erhielt, soll ein weiterer Mitarbeiter im Kabinett Grassers per E-Mail mit Vertretern der US-Bank Kontakt aufgenommen haben. Dabei wurde die »Einbindung einer anderen Investmentbank« diskutiert. In einer weiteren Nachricht mit dem Betreff »Bundeswohnungen – Gewitterwolken ziehen auf« hieß es, es bestehe die Gefahr, »die *CA-IB* [werde] ein Nachprüfungsverfahren vor dem Bundesvergabeamt« einleiten. Daraufhin soll der Grasser-Vertraute und *Lehman*-Konsulent Karlheinz Muhr den damaligen Vorstand der *CA-IB* Klaus Requat angerufen haben. Muhr habe »extrem selbstbewusst« gewirkt und erklärt, er wisse, dass *Lehman Brothers* den Auftrag erhalten werde, sagte Requat später aus. Als daraufhin Requat angekündigt habe, diese Entscheidung anfechten zu wollen, habe Muhr angeboten, man könne sich den Auftrag doch teilen und keiner würde weniger verdienen. Tatsächlich engagierte *Lehman Brothers* die *CA-IB* in weiterer Folge als Subauftragnehmer.

»Wenn's was gibt, dann soll es angeklagt werden. Wenn's nix gibt, ist es einzustellen«, hatte Grassers Anwalt Manfred Ainedter zur Causa *Buwog* bei einer Pressekonferenz gesagt, die er gemeinsam mit Grasser noch vor der Veröffentlichung des Abschlussberichts gegeben hatte. Aus Sicht der Korruptionsermittler gibt es offenbar etwas anzuklagen, auch wenn Ainedter Zweckoptimismus versprüht und betont hatte, er werde im Faktenkreis *Lehman Brothers* die Einstellung des Verfahrens beantragen: »Mein Mandant ist unschuldig.« Am Zug ist nun die Staatsanwaltschaft, die über eine mögliche Anklage entscheiden muss. Bei Drucklegung dieses Buches war die Entscheidung dazu noch ausständig.

6.
Die Eurofighter-Affäre

Unter Grassers Amtszeit als Finanzminister fiel auch der bis dahin größte Einkauf der Zweiten Republik: die Anschaffung von Kampfflugzeugen des Typs *Eurofighter Typhoon* für das Bundesheer. Sie sollten die alten *Saab 35 Draken* ersetzen, die 1985 schon gebraucht gekauft worden waren. Die Jets hätten laut ursprünglichen Plänen eigentlich schon 1995 außer Dienst gestellt werden sollen. Sie teilten aber das Schicksal vieler österreichischer Provisorien und wurden Jahr für Jahr verlängert, bis es wirklich nicht mehr ging. Der Vertrag für den Kauf der *Eurofighter* stammt aus dem Jahr 2002 und lieferte seitdem immer wieder Stoff für Storys, Spekulationen und Ermittlungen durch die Behörden. Das begann bereits an jenem Tag, an dem die Regierung die Typen-Entscheidung bekannt gab: Am 2. Juli 2002 einigte sich die ÖVP-FPÖ-Koalition einstimmig auf den Kauf der *Eurofighter*.

Der damalige Beschluss umfasste die Anschaffung von 24 Flugzeugen. Die Zahl wurde später auf Drängen Jörg Haiders auf 18 reduziert, um die gewaltigen Kosten für die Schäden des Jahrhunderthochwassers an der Donau im August 2002 bezahlen zu können. Haider wollte so seine versprochene Steuerreform retten, die laut Regierungsbeschluss dennoch verschoben wurde und damit die erste Auflage der ÖVP-FPÖ-Koalition sprengte. 2006 zog die SPÖ mit dem Versprechen in den Wahlkampf für die Nationalratswahl am 1. Oktober, die *Eurofighter* wieder abzubestellen, und ließ den Slogan »Sozialfighter statt *Eurofighter*« inserieren. Dabei war eine Stornierung rein rechtlich kaum mehr möglich und wirtschaftlich unvertretbar. Das war spätestens seit Anfang Mai 2006 klar. Damals hatte *News* den bis dahin streng geheimen Kaufvertrag zum Teil öffentlich gemacht. Ein zentraler Passus lautete: Selbst im Falle einer rechtswirksamen Aufhebung des Kaufvertrags bleibe »diese unbedingte und uneingeschränkte Zahlungsverpflichtung des Käufers« bestehen. Das heißt: Selbst wenn die SPÖ die Flieger tatsächlich abbestellt hätte, sie hätte sie dennoch zahlen müssen.

Auch realpolitisch erschien die Abschaffung der aktiven Luftraumüberwachung im Konzert der Europäischen Union unwahrscheinlich. Die SPÖ gewann die Wahl aber trotzdem, und Wahlkampfleiter Norbert Darabos wurde Verteidigungsminister, obwohl er selbst als junger Mann aus Gewissensgründen den Dienst an der Waffe verweigert und stattdessen Zivildienst geleistet hatte. Er konnte zwar das wichtigste Wahlversprechen nicht erfüllen, reduzierte die Zahl der *Eurofighter* aber weiter von 18 auf 15, was die Kosten des Rüstungsgeschäfts offiziell von knapp zwei Milliarden auf 1,6 Milliarden Euro drücken sollte.

EINE ÜBERRASCHENDE ENTSCHEIDUNG

Zurück aber zum Ministerrat am 2. Juli 2002: Der Beschluss für den *Eurofighter* kam völlig überraschend, schließlich hatte das Modell zuvor als viel zu teuer gegolten. Grasser hatte sich im Vorfeld öffentlich stets für die amerikanische *F-16* stark gemacht – die bei Weitem billigste Lösung. Allerdings handelt es sich dabei um einen Kampfjet der dritten Generation, dessen technisches Konzept aus den Siebzigerjahren stammt. Erst im Nachhinein stellte sich heraus, dass der Finanzminister offenbar schon ab Mitte 2001 im Hintergrund Fäden in Richtung *EADS*-Konzern gesponnen hatte, der Teil jenes Konsortium ist, das den *Eurofighter* entwickelt hatte und nun erzeugte. Grassers Parteifreund und alter Generalsekretärskollege, Verteidigungsminister Herbert Scheibner, war als Fan des *Saab 39 Gripen* aufgetreten. Dieser ist so wie der *Eurofighter* ein Jet der vierten und damit jüngsten Generation, wäre allerdings um einiges billiger gewesen. Innerhalb des Heeres galt der *Gripen* daher als bester Ersatz für den *Draken*. Zum einen hatte man mit den Flugzeugen aus dem Hause *Saab* bislang gute Erfahrungen gemacht. Zum anderen war der *Eurofighter* noch gar nicht lieferbar, als um den Jahreswechsel 2000/01 die Vorbereitungen für den Kauf neuer Flugzeuge begannen.

Angesichts dieses Meinungsumschwungs in der Regierung machten schon recht bald Gerüchte von dubiosen Geldflüssen und illegaler Parteienfinanzierung die Runde. Als Haider 2002 mit dem Knittelfeld-Putsch die erste schwarz-blaue Regierung stürzte, äußerte er sogar selbst den Verdacht, im Zusammenhang mit dem *Eurofighter*-Deal könnte Schmiergeld geflossen sein. Als Grund für Grassers 180-Grad-Meinungswechsel sahen seine Kritiker rasch das Naheverhältnis zwischen dem Ex-Arbeitgeber des Ministers, dem *Magna*-Konzern, und *Eurofighter*-Gesellschafter *EADS*. Am Vorabend des Kaufbeschlusses im Ministerrat sollen Grasser, Scheibner und andere Politiker laut *profil* in Wiener Neustadt mit *Magna*-Boss Frank Stronach ein gemütliches Gläschen getrunken haben. Die Causa lieferte Hunderte Schlagzeilen und wurde von der britischen Justiz und in Österreich ab 2006 von einem parlamentarischen Untersuchungsausschuss untersucht. Ein Fall im Sinne des Strafrechts wurde sie hierzulande interessanterweise erst relativ spät.

Es dauerte bis zum Frühjahr 2011 – mehr als neun Jahre vom Kaufbeschluss im Ministerrat an gerechnet –, bis die Staatsanwaltschaft Wien das Geschäft wieder aufrollte: Im Mai 2011 führten Ermittler der Wirtschaftspolizei und des Bundesamts zur Korruptionsprävention und Korruptionsbekämpfung (BAK) Hausdurchsuchungen bei den Waffenhändlern Alfred Plattner und Walter Schön und dem früheren *EADS*-Mitarbeiter Klaus-Dieter Bergner durch, der in der »guten alten Zeit« des Kalten Krieges für die Staatssicherheit der DDR tätig gewesen sein soll. Ab 2005 war er dann Geschäftsführer der Wiener Firma *EBD GmbH*, die für *EADS* die vertraglich vereinbarten Gegengeschäfte abwickeln sollte. Laut Vertrag war das *Eurofighter*-Konsortium verpflichtet, innerhalb von 15 Jahren der österreichischen Wirtschaft Geschäfte im Ausmaß der doppelten Kaufsumme zu vermitteln.

Die Justiz hat den Verdacht, dass im Zuge von (Schein)Gegengeschäften mehr als 100 Millionen Euro an Schmiergeld geflossen sein könnten. Gegen Plattner, Schön und Bergner wird wegen Beamtenbestechung und Geldwäsche ermittelt. Laut Rechtshilfe-Ersuchen der heimischen Justiz an die Staatsanwaltschaft Rom vom Juni 2011 besteht der Verdacht, »dass EADS Deutschland versucht hat, über die gegenständliche Konstruktion Schmiergeldzahlungen an Unternehmen bzw. Beamte zu leisten. Bergner, Schön und Plattner dürften zumindest dazu beigetragen haben, dass diese Schmiergeldzahlungen ihre jeweiligen Empfänger erreicht haben.« Weiter, so zitiert *Format* aus den Justizakten, sei davon auszugehen, dass »im Rahmen des EADS-Konsortiums eine kriminelle Vereinigung gegründet wurde«. Die Justiz lässt auch anerkannte Gegengeschäfte prüfen, darunter auch welche, die mit einer *Magna*-Tochter abgeschlossen wurden – jenem Konzern, für den zuvor der Finanzminister tätig gewesen war.

Bevor die Ermittlungen in Österreich in Schwung kamen, war in Rom der Lobbyist Gianfranco Lande festgenommen worden, der im Verhör behauptete, über eine Briefkastenfirma in London namens *Vector Aerospace*, die dem *EADS*-Konzern zugeordnet werden könne, sei viel Geld geflossen, möglicherweise auch als Schmiergeld an Empfänger in Österreich. Laut Medienberichten soll es um bis zu 55 Millionen Euro gehen, die im Zusammenhang mit dem österreichischen *Eurofighter*-Deal geflossen sein könnten. Demzufolge ging es bei den Durchsuchungsbefehlen der Staatsanwaltschaft Wien um den Verdacht der Bestechung, Geldwäsche und möglicherweise auch des Amtsmissbrauchs durch frühere Regierungsmitglieder, wusste *profil* zu berichten: »Die Ermittlungen stehen am Anfang, was sich daraus ergibt, wird sich weisen«, so der Sprecher der Wiener Staatsanwaltschaft Thomas Vecesy.

Im Juni 2011 ließ die Justiz Plattner, Schön und Bergner rund um die Uhr überwachen, um Absprachen aufzudecken. Die Überwachungsaktion lieferte laut *Format* auch Namen von neuen Verdächtigen, die allerdings streng geheim gehalten werden. Für alle Beteiligten gilt indessen die Unschuldsvermutung. Für das stets Grasser-kritische *profil* ist jedoch klar: »Sollte die Justiz ihre Untersuchungen im *Eurofighter*-Komplex gewissenhaft durchführen, wird sie an den erstaunlichen Parallelen zwischen dem Rüstungsauftrag und der Immobilienprivatisierung nicht einfach vorbeigehen können. In gewisser Weise ist das *Buwog*-Geschäft eine Blaupause des *Eurofighter*-Deals. Da wie dort wurden im Vorfeld klammheimlich Kontakte geknüpft, Ausschreibungskriterien adaptiert, befreundete Lobbyisten in Stellung gebracht und Entscheidungen in letzter Minute umgedreht. Und stets mittendrin: Karl-Heinz Grasser.«

GEHEIMES LOBBYING

Tatsächlich wirft die Rolle des damaligen Finanzministers in dem Deal mehr Fragen auf, als sie Antworten bietet: Grasser soll schon am 11. Juni 2001, vier Monate bevor die Republik überhaupt offiziell begann, Angebote für neue Abfangjäger einzuholen, das *EADS*-Werk in Manching bei München besucht haben. Später erklärte er, er habe sich über das *Eurofighter*-Programm informieren wollen. »Wieso ein Finanzminister auf eigene Faust einen Rüstungsbetrieb besucht – und das ohne militärische Berater im Schlepptau –, ist bis heute ein Geheimnis«, notierte *profil*. Schon wenige Tage später soll sich der Finanzminister erstmals in Richtung *Eurofighter* geäußert und als Übergang bis zur Lieferung, die damals noch nicht möglich war, eine Zwischenlösung mit russischen *MiG 29* in Erwägung gezogen haben.

Bei diesem Typ sträubten sich bei Generälen und FPÖ-Funktionären gleichermaßen die Nackenhaare: Schließlich galten die Flugzeuge schon damals bezüglich Qualität im wahrsten Sinne als »russisch«. Außerdem passte der Kauf von russischen Waffensystemen so gar nicht zur freiheitlichen Ideologie. Dennoch:

Am 27. Juli 2001 – sechs Wochen nach seinem Besuch im *EADS*-Werk – soll Grasser ein inoffizielles Angebot von *EADS* auf dem Schreibtisch gehabt haben: 23 *MiG 29* und ab dem Jahr 2007 dann 18 *Eurofighter*. Gesamtkosten 1,98 Milliarden Euro. Verteidigungsminister Herbert Scheibner erfuhr von alledem nichts.

Einige Wochen später reklamierte Grasser die Möglichkeit gebrauchter Flugzeuge in die Ausschreibungsunterlagen des Bundesheeres und wollte damit – so die Vermutung – die Zwischenlösung mit den *MiG 29* möglich machen. Erst am 10. Oktober 2001 begann dann die Regierung offiziell Angebote für 24 Kampfjets einzuholen und Grasser sprach sich öffentlich für den Kauf von gebrauchten amerikanischen *F-16* des Konzerns *Lokheed-Martin* aus. Die Redaktion des *profil*, und wohl nicht nur diese, vermutet, die gesamte Beschaffung könnte ein abgekartetes Spiel gewesen sein – so wie das später die Privatisierung der 60.000 Bundeswohnungen der *Buwog* gewesen sein soll.

Im Jänner 2002 hatten dann drei Konzerne ihr Angebot abgegeben: *Saab*, das *Eurofighter*-Konsortium und *Lookheed-Martin*. Die drei Anbieter wurden aufgefordert, ihre Offerte nachzubessern – ein durchaus üblicher Vorgang bei Geschäften dieser Größe. Die *F-16* wurde als Jet der dritten Generation wegen technischer Mängel in einem ersten Schritt ausgeschieden. Vor der Vergabe am 2. Juli wurde noch viel Papier in den Ministerien produziert. Unter anderem wurde der langfristige Vergleich der Betriebskosten aus dem Kriterienkatalog gestrichen. Warum, ist ein Rätsel. Tatsache ist: Hier hätte der *Eurofighter* gegenüber dem *Gripen* alt ausgesehen. Genauso ein Rätsel ist, was Grasser, Scheibner & Co. am Vorabend des 2. Juli mit Frank Stronach besprachen und was sich genau in der Regierungssitzung abgespielt hatte, bevor die Einigung auf den *Eurofighter* verkündet wurde. Lösen möchte dieses Rätsel mittlerweile auch die Justiz, die seit September 2011 auch gegen den Ex-Verteidigungsminister ermittelt und die Aufhebung seiner Immunität als Nationalrat beantragte. Scheibner selbst weist alle Vorwürfe vehement zurück, es hätte bei der *Eurofighter*-Entscheidung Unregelmäßigkeiten gegeben. Dennoch will die Staatsanwaltschaft klären, warum Scheibner 2010/11, also schon einige Zeit nach seiner Tätigkeit als Minister, ein Jahr lang 5000 Euro im Monat von der *Eurofighter Jagdflug GmbH* erhalten hat. Es gilt die Unschuldsvermutung.

Im Zusammenhang mit Rüstungsgeschäften fließe immer Schmiergeld, sagte mir ein Politikinsider. Vielleicht war es aber auch einfach die erstklassige Arbeit der Lobbyisten, die schließlich den Ausschlag für den *Eurofighter* gab. Der österreichische Graf, Großgrundbesitzer, Jäger, Netzwerker und Waffen-Lobbyist Alfons »Ali« Mensdorff-Pouilly, Ehemann der damaligen ÖVP-Generalsekretärin Maria Rauch-Kallat (ÖVP), war genauso umtriebig wie die PR-Firma *100 % Communications* des ehemaligen FPÖ-Geschäftsführers Gernot Rumpold und dessen Gattin Erika. »Alleine die Rumpolds kassierten nach heutigen Erkenntnissen von *EADS* insgesamt 6,6 Millionen Euro. Wofür, ist unklar«, schreibt dazu *profil*. Vor dem parlamentarischen Untersuchungsausschuss verweigerten Rumpold und seine Frau mit dem Verweis auf Geschäftsgeheimnisse die Aussage. Sie mussten aber zugeben, durch Werbeaufträge von *EADS* 3,2 Millionen Euro verdient zu haben. Allein für das Organisieren einer Pressekonferenz verrechneten die Rumpolds 96.000 Euro – *100 % Communications* eben. Walter Meischberger fragte später: »Wo woar mei Leistung?« Die Parallelen zu späteren Affären sind tatsächlich nur schwer zu übersehen. Grasser beteuerte übrigens bei seiner zweistündigen Befragung im U-Ausschuss: »Ich war das einzige Regierungsmitglied, das versucht hat zu verhindern, dass Flugzeuge gekauft werden.« Öffentlich hatte er auch immer abfällig von »Kriegsgerät« gesprochen und nicht von Abfangjägern oder einer aktiven Luftraumüberwachung.

DER WAFFEN-GRAF

Zurück aber zu den Lobbyisten, konkret zu Mensdorff-Pouilly: Laut der britischen Strafverfolgungsbehörde Serious Fraud Office

(SFO) war es beim *Eurofighter*-Deal zu gravierenden Ungereimt-heiten gekommen. Diese Beurteilung fußt auch auf Hausdurchsu-chungen, die österreichische Behörden nach einem Rechtshilfe-Ersuchen aus England gemeinsam mit dem SFO in »Graf Alis« Schloss in Luising (Burgenland) und in dessen Firma, der *MPA Handels GmbH*, am Kärntner Ring in der Wiener City durchge-führt haben. Dabei wurden Unterlagen sichergestellt, die auf Schmiergeldzahlungen durch den britischen Rüstungskonzern *BAE Systems* hinweisen. Der im Jahr 2010 größte Waffenherstel-ler der Welt war wiederum gemeinsam mit *EADS* am *Eurofighter*-Konsortium beteiligt. Demnach soll der für *BAE Systems* arbei-tende Alfons Mensdorff-Pouilly »Druck ausgeübt« haben, sodass die erste Ausschreibung storniert wurde. Und in einem Bericht der *MPA Handels GmbH* heißt es: »Im Anschluss an die aggressi-ve Zahlung von Erfolgsprämien an wichtige Entscheidungsträger (…) gab Österreich einen Auftrag in Höhe von € 1,79 Milliarden für den *Eurofighter Typhoon* bekannt.« Allerdings hatte »Graf Ali« in seinem Bericht wohlweislich nicht geschrieben, an wen die »aggressiven Zahlungen« gerichtet waren.

Ab Jänner 2009 führte nach einer Anzeige von Grünen-Natio-nalrat Peter Pilz, der den *Eurofighter*-Untersuchungsausschuss im Parlament geleitet hatte, auch die heimische Justiz Ermittlungen gegen Mensdorff-Pouilly durch. Dieser wurde Ende Februar 2009 auf seinem Schloss in Luising (Burgenland) wegen Verdunklungs-gefahr festgenommen und für fünf Wochen in Untersuchungshaft genommen. Die heimische Justiz zeigte danach aber keine weite-re Eile mehr und ließ den Waffen-Graf weiter seinen Geschäften nachgehen. Dafür wurde Mensdorff-Pouilly Ende Jänner 2010 nach einer Einvernahme durch das SFO in London verhaftet. Schon sechs Tage später wurde er gegen 570.000 Euro Kaution wieder freigelassen, musste jedoch seinen österreichischen und seinen ungarischen Pass abgeben und sich für die englischen Be-hörden jederzeit zur Verfügung halten.

Einen Tag nach der Freilassung kam dann der Paukenschlag: Die englische Justiz stellte das Verfahren gegen »Graf Ali« endgültig ein. Es sei nicht länger im öffentlichen Interesse, die Erhebungen gegenüber Einzelpersonen fortzusetzen, ließ SFO-Direktor Richard Alderman die Öffentlichkeit wissen. Gleichzeitig wurde bekannt, dass *BAE Systems* eine Rekordstrafe von 280 Millionen Pfund (rund 317 Millionen Euro) gezahlt hatten, um ihren Mitarbeiter freizukaufen. Dabei dürfte der Konzern sich weniger um Mensdorff-Pouilly persönlich gesorgt haben. Vielmehr ging es darum, einen öffentlichen Prozess zu vermeiden, bei dem »Graf Ali« auspacken hätte können. Die Vereinbarung über die Einstellung aller Ermittlungen gegen den Waffen-Graf hatte der britische Rüstungskonzern mit der britischen und der amerikanischen Regierung getroffen: Demnach gaben *BAE Systems* Unregelmäßigkeiten in der Buchhaltung und bei Rüstungsgeschäften mit Saudi-Arabien, Tansania, Südafrika, Ungarn und Tschechien zu. Von Österreich war offenbar nicht die Rede. Später wurde bekannt, dass Mensdorff-Pouilly mit seiner sechstägigen Haft auch noch ganz gut verdient hatte: In London wurde ihm eine Haftentschädigung von 430.000 (!) Euro zugesprochen.

»Graf Ali« ist also in England aus dem Schneider. Die Ermittlungen der österreichischen Justiz gegen ihn sind damit aber noch nicht vom Tisch. Hierzulande gibt es keine Möglichkeit, sich mit der Bezahlung einer Strafe von einer Anklage freizukaufen. Sollte Mensdorff-Pouilly, für den selbstverständlich die Unschuldsvermutung gilt, auch nur eine Verbindung mit dem *Eurofighter*-Kauf nachgewiesen werden können, drohen ihm auf jeden Fall ein Prozess wegen Falschaussage und bis zu drei Jahre Haft. Im parlamentarischen U-Ausschuss zur *Eurofighter*-Beschaffung hatte er nämlich erklärt: »Ich habe keinen Kontakt mit irgendjemandem in einem Ministerium diesbezüglich gehabt oder irgendetwas.« Seine Tätigkeit für *BAE Systems* habe in Österreich nur die »laufende Information des Sales- und Marketing-Personals von *BAE* in politischer und kultureller Hinsicht in Bezug auf Geschäftsgebräuche« betroffen.

Mensdorff-Pouilly scheut angesichts der Ermittlungen gegen ihn die Öffentlichkeit keineswegs. Im September 2011 feierte er bei der Gala zum 25. Geburtstag des österreichischen Lottos sogar wenige Meter von der Justizministerin entfernt. Er kehrt seine supersaubere Weste hervor, um mit den Worten von Karl-Heinz Grasser zu sprechen, und beklagte sich in *ÖSTERREICH*: »Lustig ist das nicht. Wirklich nicht. Wenn die Medien einen dauernd als Oberschwein hinstellen und versuchen die Justiz auf diese Weise zu beeinflussen.« Er könne jeden einzelnen Punkt der Anschuldigungen widerlegen. Dennoch soll laut *Format* die Justiz für das Frühjahr 2012 eine Anklage planen.

7.
Der Steuersünder

»Schau'n Sie, Frau Thurnher, ich hab' eine supersaubere Weste!«
Als Karl-Heinz Grasser diesen Satz in einem Live-Interview mit
ZIB-2-Moderatorin Ingrid Thurnher im Frühsommer 2010 sagte und ihn mit einem Schwiegersohn-Dackel-Blick unterlegte,
punktete er noch bei vielen Zusehern. Man konnte ihm teilweise
ungeschicktes Agieren als Finanzminister vorhalten, etwa bei seinem Malediven-Urlaub, nicht eingehaltene Versprechen wie das
Nulldefizit, vielleicht ein schlechtes Händchen bei der Wahl seiner Freunde und Vertrauten – mehr aber auch nicht.

Im Jänner 2011 musste Grasser allerdings dann erstmals öffentlich zugeben, dass seine supersaubere Weste zumindest einen
Fleck hat. *Format* deckte auf, dass der ehemalige Finanzminister
im Herbst 2010 über die Steuerberatungskanzlei *Ernst & Young*
Selbstanzeige beim Finanzamt für den 1. und 23. Wiener Bezirk
eingebracht hatte. Juristisch gesehen bedeutet diese Selbstanzeige das Geständnis eines Steuervergehens. Damit wurde sofort
die volle Steuer fällig, Grasser ersparte sich aber gleichzeitig ein
Strafverfahren zu den angezeigten Umständen, das zu einer Verurteilung und Vorstrafe hätte führen können. Ironie des Schick-
sals oder doch mehr? Bei einer Regierungsklausur im April 2001
in Salzburg-Anif hatte er sich vehement dafür eingesetzt, dass
eine Selbstanzeige beim Finanzamt Straffreiheit bedeuten sollte.
Er war aber vorerst noch am Widerstand seines damaligen Par-
teifreundes Justizminister Dieter Böhmdorfer (FPÖ) gescheitert.
Erst später wurde das Gesetz beschlossen. Was Grasser damals
zu diesem Vorstoß bewog, ist nicht bekannt. Er brachte ihn allerdings nicht nur mit Böhmdorfer, sondern auch mit der Parteibasis

in Konflikt, was Grasser aber ziemlich egal gewesen sein dürfte, wie sein späterer fliegender Wechsel zur ÖVP zeigte.

Die Selbstanzeige bedeutete allerdings nicht, dass die Finanzbehörden ihre Ermittlungen gegen Grasser einstellten – im Gegenteil: Die Steuerfahnder und Korruptions-Ermittler sind weiterhin sehr aktiv. Dreh- und Angelpunkt im Finanzstrafverfahren gegen Grasser ist das komplexe Geflecht seiner ausländischen Stiftungen und deren ebenfalls ausländischen Tochterunternehmen. Die Justiz hat den Verdacht, es sei Grasser von Anfang an darum gegangen, Geld am heimischen Finanzamt vorbeischmuggeln zu können. Der Ex-Minister wiederum weist auf sein gesteigertes Bedürfnis nach Diskretion hin – ein durchaus nachvollziehbares Argument. Denn ein Mensch, dessen Leben in der Öffentlichkeit dermaßen breitgetreten wurde und wird, läuft Gefahr, auch in Bezug auf seine Finanzsituation zum gläsernen Individuum zu werden. Wobei Grasser natürlich nicht ganz unschuldig an der Lust der Öffentlichkeit auf Details aus seinem Leben ist. Aber, wie heißt es in Österreich so schön: Beim Geld hört sich die Freundschaft auf – und natürlich auch die Freude über öffentliche Kommunikation.

GRASSERS STIFTUNGEN

Grasser und sein Steuerberater Peter Haunold meldeten 2007 beim zuständigen Finanzamt im ersten Wiener Bezirk die Stiftungen *Waterland* und *Silverland* an, die ihren Sitz auf dem diskreten Finanzplatz Liechtenstein haben. Laut Erklärung handelt es sich dabei um »intransparente Stiftungen«. Das heißt: Grasser hat offiziell keinen Zugriff auf das Vermögen der Stiftungen und er kann auch den Stiftungsräten (Vorständen) keine Anweisungen erteilen – konkret handelt es sich um zwei Anwälte, die in Vaduz eine Kanzlei betreiben. Finanzrechtlich musste er sich also seines Vermögens »begeben«, das heißt: Das Geld gehört offiziell nicht mehr ihm, sondern seinen Stiftungen. Die Einkünfte solcher intransparenten Stiftungen wie Zinsen und Spekulationsgewinne werden daher von der Stiftung selbst versteuert, wobei die Steuer hier viel geringer ausfällt als bei Privatpersonen. Und das ist auch der Hauptgrund, warum immer mehr reiche Österreicher ihr Geld in Stiftungen einbringen. Im Gegensatz dazu würden »transparente Stiftungen« stehen, auf deren Vermögen der Stifter jederzeit zugreifen könnte. Einkünfte aus solchen transparenten Stiftungen müssen als Einkommen normal versteuert werden.

Die Konstruktion der intransparenten Stiftungen war in Österreich unter dem Eindruck der Globalisierung der Finanzmärkte geschaffen worden, um große Vermögen im Land zu halten bzw. sie ins Land zu locken. So übersiedelte etwa der deutsche Industrielle und Milliardär Friedrich Karl Flick (1927–2006) 1994 wegen der steuerschonenden Stiftungen in Österreich an den Wörthersee und damit in Grassers Heimat Kärnten. Laut den Satzungen von Grassers Stiftungen, aus der der *Falter* zitierte, erhält der Ex-Minister nur dann Zuwendungen aus dem gestifteten Vermögen, wenn er das 50. Lebensjahr vollendet, er davor keinen Job finden oder aufgrund einer Krankheit oder eines Unfalls berufsunfähig werden sollte. Im Todesfall profitieren seine gesetzlichen Erben – sprich: Ehefrau Fiona Pacifico Griffini-Grasser und die eheliche Tochter Tara Gertrud. Die Zahlungen aus der Stiftung an sie wären dann steuerrechtlich ein Einkommen und damit steuerpflichtig, während für ein normales Erbe keine Steuer anfallen würde. Allerdings wurde bei Drucklegung dieses Buches über eine Wiedereinführung der im August 2008 abgeschafften Erbschafts- und Schenkungsteuer diskutiert.

In seine *Waterland*-Stiftung soll Grasser seinen Drittelanteil an der Management-Gesellschaft des Fonds *Meinl International Power* eingebracht haben. Damit fiel für die Einnahmen aus dem offenbar lukrativen Job in der Finanzwelt ein geringerer Steuersatz an, als wenn Grasser als »normaler« Unternehmer agiert hätte. Seine beiden Stiftungen haben wiederum Tochterunternehmen auf ebenfalls diskreten Finanzplätzen im Ausland gegründet: Die *Silverwater Invest and Trade Inc.* sitzt auf den British Virgin Islands in der Karibik, die *Man Angelus Ltd.* und die *Levesque-Holding Ltd.*, die wiederum eine Tochter namens *Gemain Ltd.* besitzt, sind auf Zypern angesiedelt.

GRASSER UND DIE HYPO-AFFÄRE

»Irgendwann schellten im Finanzministerium die Alarmglocken«, schreibt der *Falter.* »Die Justiz fand bei Kontenöffnungen heraus, dass die Grasser-Stiftungen, mit denen Grasser angeblich nichts mehr zu tun hatte *(weil er sich ja seines Vermögens begeben hatte – Anm. d. Verf.)*, eine Menge Geld in Immobilien und Honorare investierten, die vor allem einem zugutekamen: Grasser. Der Finanzminister schickte sein Geld also im Kreis, so der Verdacht.« Im Kern geht es um zwei mehr oder weniger komplexe Sachverhalte: Im ersten Fall stehen 500.000 Euro im Mittelpunkt, die Grasser an den deutschen Banker und Investor Tilo Berlin überwiesen hatte. Dieser organisierte Mitte Dezember 2006 und Anfang März 2007 über seine in Luxemburg sitzende Gesellschaft *Berlin & Co. Capital* zwei Kapitalerhöhungen von je 125 Millionen Euro für die Kärntner *Hypo Group Alpe Adria*, mit denen die Investoren auch einen Teil des Geldinstituts übernahmen. Die Bank, die damals mehrheitlich dem Land Kärnten gehörte, war wegen zahlreicher riskanter und geplatzter Investments, die vor allem auf dem Balkan getätigt worden waren, schon damals marode.

Grasser war als Einzahler in der guten Gesellschaft anerkannter Investoren aus reichen österreichischen und deutschen Familien. Bekannt wurden etwa die Namen von Herbert Koch, Eigentümer der Möbelhausketten *Kika* und *Leiner*, Veit Sorger, Obmann der Industriellenvereinigung, Ferdinand Piëch, Sohn von VW-Patriarch und Milliardär Ferdinand K. Piëch, Oliver Marc Schwarzkopf, Christoph Prinz zu Schleswig-Holstein, Ex-CA-Generaldirektor Guido Schmidt-Chiari, Stanislaus Turnauer *(Constantia)* oder Ex-Skistar Harti Weirather. Auch die Flick-Stiftung soll investiert haben.

Grassers halbe Million Euro entsprach nur einem einzigen Genussschein bei der Kapitalerhöhung und war damit ein vergleichsweise bescheidener Beitrag, schließlich betrug die Kapitalerhöhung insgesamt 250 Millionen Euro. Allerdings war Grasser noch Finanzminister, als die erste Tranche floss. Das ist zwar nicht illegal, der Transaktion haftet aber zumindest der Geruch des Insiderhandels an. Schließlich war das Investment des Ministers vom Dezember 2006 bereits im Mai 2007, also nur fünf Monate später, bereits 763.000 Euro wert. Grund: Berlin hatte es geschafft, der *Bayerischen Hypo- und Vereinsbank* um 1,6 Milliarden Euro 50 Prozent plus eine Aktie der *Hypo Group Alpe Adria* anzudrehen. Wie sich im Nachhinein herausstellen sollte, war dieser Preis völlig überhöht. Die Bayern hatten aber dennoch Appetit auf mehr und hielten 2008 sogar zwei Drittel an der Bank.

Am Ende stand die Kärntner *Hypo* kurz vor der Pleite, die Bayern zogen sich in Panik und mit riesigen Verlusten von mehr als 3,7 Milliarden Euro zurück. Die Republik Österreich verstaatlichte die Bank und musste mit 1,5 Milliarden an Steuergeld einspringen. Dazu kommen noch kurzfristige Haftungen der öffentlichen Hand über 3,1 Milliarden Euro, die bis 2013 laufen. Mittel- und langfristig haften der Bund und das Land Kärnten sogar für knapp 20 Milliarden Euro. Aber das ist wieder einmal eine andere Geschichte. Grasser hat stets beteuert, nicht er, sondern seine Schwiegermutter Marina Giori-Lhota habe die halbe Million in die *Hypo Alpe Adria* investiert. Mit dem Auffliegen der Geldboten-Affäre – mehr dazu gleich – scheint nun festzustehen, dass das zumindest im Kern stimmt. Die Hintergründe bleiben freilich weiterhin offen und dubios.

Im zweiten Fall von undurchsichtigen Zahlungen, die von oder an Grasser-Stiftungen bzw. Firmen in seinem Umfeld liefen, geht es um die Zeit zwischen 2007 und 2009, als der Ex-Minister Manager von *Meinl International Power* war. In dieser Zeit soll er rund vier Millionen Euro verdient haben – ein lukrativer Job also. Dieses Geld sei über die Liechtensteiner Stiftungen auf die British Virgin Islands und nach Zypern umgeleitet worden, um der heimischen Finanz zu entgehen, so der Verdacht. In Form eines Kredits seien dann 3,7 »gewaschene« Millionen Euro von der Liechtensteiner Stiftung steuerfrei an Grasser zurückgeflossen. Mit dem Geld hat dieser dann offiziell den Umbau seines Penthouse in Wien bezahlt. Alles sei rechtens gelaufen, betont KHG stets. Allerdings ist seine Glaubwürdigkeit seit Anfang 2011 massiv angeschlagen.

DAS VERGESSENE GELD

Damals erstattete er nämlich die bereits erwähnte Selbstanzeige. Und aus dieser ging hervor, dass er in den Jahren von 1999 bis 2008 Spekulationsgewinne und Erträge aus Zinsen und Dividenden (Gewinnanteile für Aktieninhaber) nicht deklariert und damit auch nicht versteuert hatte. Für das Verfahren beim Finanzamt war nur der Zeitraum ab dem Jahr 2002 relevant. Alle Fakten aus der Zeit davor waren bereits verjährt. Was diese Selbstanzeige zum Politikum machte: Während des größten Teils des Tatzeitraums war Grasser Finanzminister. Der langjährige oberste Steuereintreiber und Steuerwächter entlarvte sich damit im Nachhinein selbst als oberster Steuerschwindler. Dazu kommt: Die brisante Selbstanzeige erfolgte »zufällig« wenige Wochen, nachdem Grasser zweimal stundenlang zur Buwog-Affäre und zu seiner undurchsichtigen Stiftungskonstruktion in Liechtenstein befragt worden war. Die Gegner von Grasser im Speziellen und der schwarz-blauen bzw. schwarz-orangen Regierung im Allgemeinen, die es »eh schon immer gewusst« hatten, sahen sich nun endgültig bestätigt: In den beiden Kabinetten von Kanzler Wolfgang Schüssel seien nur Gauner und Abkassierer gesessen. An den Stammtischen brodelte es.

Grasser rückte wieder einmal persönlich zur Schadensbegrenzung aus und nahm gegenüber dem ORF-Fernsehen und Ö3 Stellung: »Ich habe einen Fehler gemacht«, gestand er ganz in amerikanischer Manier der reuigen Selbstbezichtigung öffentlich ein und präsentierte seine Sicht der Dinge: In seiner Zeit in der Privatwirtschaft – gemeint war die Tätigkeit im *Magna*-Konzern – habe er in Kanada mit einer Einlage von vergleichsweise bescheidenen 35.000 Euro eine Vermögensverwaltung eröffnet. Als er schließlich in die Politik berufen wurde, sei der Termindruck so groß geworden, dass er nicht mehr in der Lage gewesen sei, sich um das Übersee-Geschäft zu kümmern. Vor ein paar Jahren habe er es daher beendet und 25.000 Euro zurückbekommen – sprich: 10.000 Euro Verlust gemacht.

Damit wollte der gewiefte Wirtschaftler suggerieren, es sei eh nichts passiert. Denn wer müsse schon Steuer auf verlorenes Geld zahlen.? Er sei daher auch nicht auf die Idee gekommen, die Angelegenheit bei der Steuer zu melden, gab sich Grasser öffentlich zerknirscht. Erst bei der Nachprüfung seiner Finanzen durch seinen Steuerberater sei dieser auf das Übersee-Engagement aufmerksam geworden. Bei diesem habe es zwar am Ende einen Verlust, davor aber unterjährige Spekulationserträge gegeben, für die Steuer zu zahlen gewesen wäre. Das habe er nun nachgeholt und selbst angezeigt. 20.000 Euro habe er bereits nachgezahlt. »Das sollte einem ehemaligen Finanzminister nicht passieren, ist es aber.« Heute sei seine steuerliche Situation »absolut perfekt«, so der Ex-Finanzminister Anfang 2011.

Was Grasser nicht erwähnte: Im Herbst 2008 löste die Pleite der US-Investmentbank *Lehman Brothers* die Finanzkrise aus. Praktisch über Nacht verloren viele Investments einen großen Teil ihres Wertes – vor allem in Nordamerika. Da dürfte es auch Grassers Vermögensverwaltung nicht anders ergangen sein. Insofern dürfte der Zeitpunkt der Auflösung auch kein Zufall und nicht nach dem Motto passiert sein: Jetzt, da ich gerade wieder mehr Zeit habe, fällt mir auf, dass ich ja in Kanada noch eine Firma habe. Diese scheint in den Jahren vor der Krise für die geringe Einlage einen ordentlichen Gewinn erwirtschaftet zu haben. Aus der Selbstanzeige geht hervor, dass allein in den Jahren von 2002 bis 2008 insgesamt 18.811,68 Euro an unversteuertem Einkommen zusammengekommen war. Die von Grasser eingeräumten

»unterjährigen Spekulationserträge« zahlten sich aus: Sie ergaben eine Rentabilität von etwas mehr als 50 Prozent in nur sieben Jahren. Dazu kommen noch Einkünfte aus der verjährten Zeit von insgesamt 8785,98 Euro.

Es hagelte Kritik von den Oppositionsparteien aus Grasser Zeit als Finanzminister. Auch die ÖVP ging erstmals deutlich auf Distanz zu ihrem einstigen Strahlemann: Finanzsprecher Günter Stummvoll meinte, es sei die »Weste offensichtlich nicht mehr so strahlend weiß, wie man das früher geglaubt hat. Der Normalfall ist, dass man Steuern zahlt.« Grassers Anwalt Manfred Ainedter beeilte sich zu betonen, die Sache sei mit der Selbstanzeige gegessen. Dennoch war der Schaden für seinen Mandanten enorm. Der bekannte Finanzrechtsexperte Werner Doralt etwa wies darauf hin, das werfe »doch irgendwie ein bezeichnendes Licht über all das, was man in jüngster Zeit erfahren hat«. Und damit meinte er offenbar mehr als die »vergessene« Steuer. Die Selbstanzeige verdeutliche, dass davor ein strafbares Delikt vorhanden gewesen sei. Den Experten störte besonders, dass Grasser nur für den Zeitraum ab 2002 nachzahlen musste: »Das muss man sich ja auf der Zunge zergehen lassen. Ein Finanzminister beruft sich auf Verjährung, dass er an sich steuerpflichtige Einkünfte nicht versteuert.«

Zu allem Unglück für Grasser enthüllte *News*, nur wenige Tage nachdem sich das erste Gewitter verzogen hatte, dass die Steuerhinterziehung, die der Ex-Finanzminister zugegeben hatte, nicht nur Einkünfte aus Kanada, sondern von insgesamt sechs Wertpapierdepots in Österreich, Kanada und den USA betraf. Grasser hatte also wiederum nicht die volle Wahrheit gesagt, auch wenn er nun betonte, das Geld stamme zu 98 Prozent aus Kanada. Er stand erstmals als überführter Sünder da, aber nicht nur als das: Er erweckte den Eindruck, er habe es sich zum Teil wieder richten können. Das dürfte ihm nicht nur im Hinblick auf seine öffentliche Reputation und seine Beliebtheit in der Bevölkerung Sorgen bereitet haben, sondern auch vor dem Hintergrund der laufenden Ermittlungen in der *Buwog*-Affäre. Denn wenn man es so sehen will, war die Selbstanzeige ein erster Etappenerfolg für die Ermittler, die erheblichen Druck auf den Ex-Minister aufgebaut hatten. Und vielleicht hat sie dieser Teilerfolg zu noch mehr Ehrgeiz angespornt. Denn die nächste unangenehme Enthüllung ließ mit der Geldboten-Affäre nicht lange auf sich warten.

DIE GELDBOTEN-AFFÄRE

Anfang Mai 2011 wurde Grasser erneut von seiner Vergangenheit eingeholt: *Format* berichtete in einer Exklusivstory, Grasser habe 2005 – noch während seiner Zeit als Finanzminister – eine halbe Million Euro in bar von der Schweiz quasi im Geldkoffer diskret nach Österreich gebracht, ohne darüber die Finanzbehörden informiert zu haben. Praktisch alle heimischen Medien und auch zahlreiche Zeitungen aus dem Ausland nahmen die Geschichte auf: Die sogenannte Geldboten-Affäre war geboren. Die Enthüllungen lösten die damals bereits fünfte Anzeige von Grassers Anwalt Manfred Ainedter gegen unbekannt aus. Er wollte damit seinen Protest dagegen ausdrücken, dass Ermittlungsberichte zu den Affären rund um seinen prominentesten Mandanten regelmäßig in den Medien zu lesen waren. Und das, noch bevor er sie studieren hatte können. »Die Protokolle müssen ja aus den Ermittlungsbehörden hinausgegangen sein«, so Ainedter gegenüber dem *Kurier*.

Was war konkret passiert? Dem *Format*, das bei der Aufdeckung der diversen Skandale und »G'schichteln« rund um den Ex-Finanzminister stets eine führende Rolle innehatte, war ein Teil der Polizeiprotokolle zugespielt worden, die drei Ermittler des Bundesamts zur Korruptionsprävention und Korruptionsbekämpfung (BAK) und des Bundeskriminalamts (BKA) nach den beiden Einvernahmen von Karl-Heinz Grasser im September 2010 erstellt hatten. Die Beamten mussten den Inhalt von insgesamt 15 (!) Stunden Verhör zu Papier bringen – in Summe mehr als 300 Seiten. Unter anderem heißt es: »Im Zuge der Ermittlungen ergaben sich Hinweise, dass Karl-Heinz Grasser eigene Geldmittel in den Hypo-Genussschein *(gemeint ist die Hypo Alpe Adria – Anm. d. Verf.)* investierte, ihm auch der daraus erwachsene Gewinn wirtschaftlich zuzurechnen ist und er zumindest zeitweise der wirtschaftlich Berechtigte des *Mandarin*-Kontos bei der *Raiffeisenbank* und des *Ferint*-Kontos bei der *Meinl Bank* war.«

Zur Erklärung: Die Schweizer Treuhandgesellschaft *Ferint AG* und die im mittelamerikanischen Belize angesiedelte *Mandarin Group* sind reine Briefkastenfirmen. Beide Gesellschaften, so der Verdacht, habe Grasser häufig benutzt, und beide würden in den Affären rund um *Buwog*-Privatisierung und den raschen Gewinn mit der *Hypo Alpe Adria* eine zentrale Rolle spielen, schreibt *Format*. Sollten die Ermittler mit ihrer Vermutung recht haben, hätten sie damit erste handfeste Hinweise darauf, dass Grasser aus der *Buwog*-Affäre und dem Skandal um die *Hypo Alpe Adria* auch persönlich Kapital geschlagen hat. Das hat Grasser persönlich und über seinen Anwalt Ainedter stets vehement dementiert. Tatsache ist: Die *Ferint AG* besaß ein Konto bei der *Meinl Bank*, zu der wiederum Grasser ein Naheverhältnis hatte. Und über dieses Konto investierte die Briefkastenfirma als Teil der Investorengruppe rund um Tilo Berlin die halbe Million Euro in bar in die Kapitalerhöhung bei der *Hypo Alpe Adria*. Nachdem die Gruppe die Kärntner Skandalbank mit viel Gewinn der *Bayerischen Hypo- und Vereinsbank* angedreht hatte, floss Grassers investierte halbe Million samt 263.000 Euro Gewinnanteil an ein Konto bei der *Raiffeisenbank Liechtenstein*, dessen Inhaber wiederum die *Mandarin Group* in Belize war. Also: Die *Ferint AG* investierte, die *Mandarin Group* kassierte. Und hinter beiden Gesellschaften stehe Grasser, glauben zumindest die Ermittler.

Das Aktenmaterial, das die BAK- und BKA-Beamten zusammengefasst hatten, »belastet nicht nur Grasser, sondern rückt auch dessen Schwiegermutter Marina Giori-Lhota in ein schiefes Licht«, schreibt *Format*. Daher habe der zuständige Staatsanwalt Gerald Denk Hausdurchsuchungen beantragt, die später auch tatsächlich stattfinden sollten. Es ging darum, alle Unterlagen zu beschlagnahmen, die »Geschäftsbeziehungen zwischen *Ferint AG/*

Mandarin Group und Karl-Heinz Grasser sowie Marina Giori-Lhota« belegen könnten. Außerdem interessierte sich die Justiz für »Verträge, Vertragsentwürfe, Vollmachten, E-Mails, Kalendereintragungen, Reiseunterlagen, Kontoeröffnungsunterlagen, Kontoverdichtung samt Buchungsbelegen und sonstigen verfahrensgegenständlichen Schriftverkehr«. Die Ermittlungen in dem Fall waren bei Drucklegung dieses Buches noch nicht abgeschlossen. Für Grasser und seine Schwiegermutter gilt selbstverständlich die Unschuldsvermutung.

Wie kommt nun eigentlich Grassers Schwiegermutter Marina Giori-Lhota ins Spiel? Grasser hatte bei seinen Einvernahmen zur Herkunft der halben Million Euro, die er in die *Hypo Alpe Adria* investiert hatte, eine Erklärung präsentiert, die wohl nicht nur *Format* als »abenteuerlich« ansah. In den Protokollen der Ermittler liest sich das so: »Grasser erklärte im Zuge seiner ersten Beschuldigtenvernehmung, er sei Treugeber der *Ferint AG* bzw. Treuhänder für seine Schwiegermutter Marina Giori-Lhota gewesen. Er habe von Giori-Lhota im Mai oder Juli 2005 anlässlich eines Besuches in deren Wohnung 100.000 Euro in bar übernommen (und) im November oder Dezember 2005 weitere 330.000 Euro in bar erhalten.« Das Geld sei »von Grasser nach Österreich eingeführt« und zunächst »im Safe von Grasser verwahrt« worden. Im »Jänner oder Februar 2006 seien noch einmal 70.000 Euro in bar übergeben worden« – in Summe also 500.000 Euro in bar.

»Das war versteuertes, blütenweißes Geld, das Grasser offiziell bei einer österreichischen Bank eingezahlt hat – für ein Investment der Schwiegermutter. Das war legal«, zitierte der *Kurier* Grassers Anwalt Ainedter, der jedoch selbst zugibt, dass »die Optik schief« sei. Dieser Meinung war gegenüber der Zeitung auch Franz Fiedler, Österreich-Präsident der Antikorruptionsorganisation *Transparency International*: »Jeder normale Mensch würde solche Beträge überweisen. Das wirft Fragen auf, die für die Strafverfolgungsbehörden in Zusammenhang mit anderen Verdachtsmomenten gegen Grasser von Belang sind.« Abgesehen davon »gelten für einen Finanzminister andere Anstandsregeln«, so Fiedler.

Grasser-Schwiegermutter Marina Giori-Lhota ist nicht nur eine nette ältere Dame, sondern hält auch 13,9 Prozent der Anteile am *Swarovski*-Konzern und ist damit dessen zweitgrößte Eigentümerin. Das Kristall-Imperium machte im Jahr 2010 mit 28.500 Mitarbeitern nach eigenen Angaben einen Umsatz von 2,66 Milliarden Euro. Giori-Lhota gilt daher als eine der reichsten Österreicherinnen, auch wenn sie die meiste Zeit in der Schweiz lebt, wo aus steuerlichen Gründen auch die Holding und die Finanzzentrale des *Swarovski*-Konzerns sitzen. Eine halbe Million Euro stehen ihr angesichts ihres Reichtums also locker aus der sprichwörtlichen Portokasse zur Verfügung. Als Giori-Lhota dem damaligen österreichischen Finanzminister in ihrer Wohnung in Basel die erste Tranche der halben Million übergab, war dieser gerade einmal vier Monate mit ihrer Tochter Fiona liiert. Die Schwiegermama in spe habe seine Fähigkeiten in Sachen Finanzanlage prüfen wollen, ließ Grasser via Ainedter ausrichten. Er selbst will von den Finanztransfers nie profitiert haben.

Die Redaktion des *Format* und wohl wiederum nicht nur diese hat auch eine andere Erklärung parat: »Für Giori-Lhota ist die KHG-Aussage in jedem Fall unangenehm. Denn sollte sie die abenteuerliche Geschichte vor Gericht bestätigen, dann steht der Bestechungsverdacht im Raum.« Die grüne Nationalrätin Gabriela Moser, die einen Grasser-Untersuchungsausschuss im Nationalrat fordert, hatte im Jänner 2011 den Verdacht geäußert, die Finanz habe den *Swarovski*-Konzern in der Ära von Finanzminister Grasser sehr schonend behandelt. 2008 machten zudem Berichte die Runde, wonach zumindest ein Name eines prominenten Mitglieds des Kristall-Clans auf der Liste jener Steuersünder-CD stehe, die deutschen Finanzermittlern zum Kauf angeboten worden war.

Tatsache ist aber bei allen Vermutungen und Verdächtigungen: Der diskrete Transfer von Bargeld der Schwiegermutter in spe durch den amtierenden Finanzminister von der Schweiz nach Österreich war damals völlig legal. Die Gesetzesnovelle, die laut Finanzministerium dazu führen sollte, Terroristen und anderen

Kriminellen Finanztransfers zu erschweren, trat nämlich erst 2007 in Kraft. Also fast ein Jahr, nachdem Grasser von Marina Giori-Lhota in deren Wohnung in Basel die dritte Tranche erhalten haben will. Allerdings war es sein Ministerium gewesen, das bereits am 13. März 2006 die Novelle für die Verschärfung der Meldepflicht für Bargeldtransfers in Begutachtung geschickt hatte. Das war in etwa der Zeitraum, in dem Grasser das dritte Mal Geld für seine Schwiegermutter in spe über die Grenze brachte. Warum Marina Giori-Lhota ihrem späteren Schwiegersohn insgesamt eine halbe Million Euro in bar in die Hand drückte, auf dass er diese nach Österreich bringen sollte, müssen die Gerichte klären, sofern dadurch ein österreichisches Gesetz verletzt wurde. Bei einer Einvernahme in dem Strafverfahren gegen ihren Schwiegersohn schwieg die spendable *Swarovski*-Gesellschafterin. Sie berief sich auf das Recht, wonach sich Verwandte der Aussage entschlagen können, obwohl zu dem Zeitpunkt, als sie Karl-Heinz Grasser die erste Tranche übergab, die Verwandtschaft eigentlich noch gar nicht bestand.

In einem Prüfbericht der Nationalbank *(OeNB)* aus dem Jahr 2010 taucht Giori-Lhota auch im Zusammenhang mit der Tätigkeit ihres Schwiegersohns als Manager des Kraftwerksfonds *MIP* auf. Es geht um drei Treuhandfirmen, die mit *MIP*-Optionen Millionen verdient haben sollen, während die kleinen Anleger enorme Verluste einfuhren. Eine dieser Treuhandfirmen war die *Ferint AG* in der Schweiz. Wie die *Meinl Bank* »erst nach mehrmaliger Aufforderung zur Offenlegung« mitteilte, war Giori-Lhota bei diesen Optionsgeschäften die Begünstigte der *Ferint AG* – »auf allfällige Interessenkonflikte [wird] hingewiesen«, halten die *OeNB*-Prüfer fest. Der Geruch des Insiderhandels liegt in der Luft. Die Ermittler halten es offenbar auch für möglich, dass Grasser seine Schwiegermutter als Strohfrau benutzte. Zum Zeitpunkt der Drucklegung dieses Buches führte die Justiz Marina Giori-Lhota nur als Zeugin und keineswegs als Beschuldigte – es gilt die Unschuldsvermutung.

RAZZIA IM HAUSE GRASSER

Am Morgen des 26. Mai 2011 überschlugen sich die Eilmeldungen der Agenturen: Die Justiz hatte in der Causa Grasser einen Gang höher geschaltet und in einer konzertierten Aktion Hausdurchsuchungen an zehn Adressen gestartet. Mehr als 60 Beamte der Staatsanwaltschaft, des Bundeskriminalamts und der Fürstlichen Landespolizei in Liechtenstein verschafften sich zeitgleich um neun Uhr unter anderem Zugang zu Grassers Penthouse in Wien, in dem auch die Grasser-Firma *Valuecreation GmbH* ihren Sitz hat, zu seinem Haus in Maria Wörth, zum Bauernhof von Gattin Fiona in Kitzbühel, zum Büro seines Steuerberaters Peter Haunold, zu drei Adressen in Liechtenstein und, wie erst einige Woche später bekannt wurde, auch zum Luxusbauernhof »Moserhof« in Aurach bei Kitzbühel, der Marina Giori-Lhota gehört. Im Wiener Penthouse öffnete der damals 17-jährige Stiefsohn Nicholas in Unterhose und T-Shirt den Beamten die Tür, die an ihm vorbei sofort in die noble Bleibe eindrangen. Ein aufgeschrecktes Kindermädchen floh regelrecht aus dem Penthouse.

Die Razzia dauerte den ganzen Tag an und endete erst gegen 18.40 Uhr. Die Staatsanwaltschaft Wien hatte die Medien »im Sinne der Transparenz« nur eine halbe Stunde nach Beginn der Hausdurchsuchungen von dem Vorgehen informiert, sodass Journalisten und Fotografen schon kurz nach den Beamten beim Grasser-Penthouse eintrafen. Das war eine bis dahin in Österreich noch nie praktizierte Medienpolitik, die sogar der Grünen-Nationalrat Peter Pilz, ein erklärter Grasser-Gegner, als »absolut unangemessen« bezeichnete. Das damit gesendete Signal war klar: Schaut her, wir sind nicht untätig – so wie das zuvor der Justiz vorgeworfen worden war. Damit folgte man dem Druck der öffentlichen und veröffentlichten Meinung. Diese Strategie kann aber auch nach hinten losgehen: Grasser kann sich nämlich nun zu Recht beschweren, er sei anders behandelt worden als andere Beschuldigte in anderen Finanzstrafverfahren.

In ihrer Mitteilung informierte die Staatsanwaltschaft auch, wonach die Fahnder eigentlich suchten: »Mag. Karl-Heinz Grasser steht in diesem – von der Strafsache *Buwog* unabhängigen – Verfahren in Verdacht, seit dem Jahr 2003 unter Beteiligung seines Steuerberaters Abgaben hinterzogen zu haben.« Konkret soll Grasser zu den bereits erwähnten Gesellschaften in Liechtenstein, auf den British Virgin Islands und Zypern Honorare umgeleitet haben, um sie vor dem heimischen Fiskus zu verstecken. Das doppelt Brisante: Grasser hätte das Geld damit im Endeffekt vor sich selbst versteckt, da er den größten Teil des vermuteten Tatzeitraums Finanzminister und damit oberster Steuereintreiber der Republik war.

Insgesamt geht es laut Staatsanwaltschaft um vier Millionen Euro, die KHG an der Steuer vorbeigeschmuggelt haben soll. Beim höchsten Steuersatz von 50 Prozent, der bereits ab Einkommen von 60.000 Euro im Jahr gilt, wäre der Republik damit also ein Schaden von rund zwei Millionen Euro entstanden. »Hat er uns um zwei Millionen betrogen?«, titelte daher das Wiener Massenblatt *Heute* ganz in Manier der deutschen *Bild*-Zeitung und zeigte auf der Titelseite ein Foto Grassers mit einem schwarzen Balken – so wie er normalerweise bei Verbrechern, die vor Gericht stehen, über das Gesicht kopiert wird. Wird Grasser im Finanzstrafverfahren schuldig gesprochen, muss er diese zwei Millionen nachzahlen. Dazu kommt laut Paragraf 33 des Finanzstrafgesetzes eine Finanzstrafe in der doppelten Höhe der hinterzogenen Summe – also vier Millionen Euro. Zudem drohen noch bis zu zwei Jahre Gefängnis. Grasser kann aber noch froh sein, dass er nicht in einem Staat verfolgt wird, der vom angelsächsischen Rechtssystem geprägt ist. Dieses behandelt Steuervergehen nicht als Kavaliersdelikte, sondern sieht sie als schwere Verbrechen an der Allgemeinheit und ahndet sie auch entsprechend mit Haftstrafen im zweistelligen Bereich. Selbst in Deutschland ist ab einer hinterzogenen Summe von 50.000 Euro eine Haftstrafe von bis zu zehn Jahren möglich.

Grasser selbst war am Tag der Hausdurchsuchungen geschäftlich in einem nicht näher bezeichneten Ausland. Sein Anwalt

Manfred Ainedter eilte als Krisenmanager zum Penthouse. Der über die Grenzen Wiens hinaus bekannte und angesehene Advokat dürfte in diesem für Grasser so heißen Frühjahr wenig Zeit gehabt haben, sich noch um andere Fälle zu kümmern. Wie ein Zerberus stand er wütend vor der Tür und warf eine Meute von Fotografen und Kameraleuten aus dem Penthouse, die kurz nach den Beamten in die Wohnung eingedrungen war. Den versammelten Medienvertretern versicherte Ainedter, die Vorwürfe, die zu den Hausdurchsuchungen geführt hatten, seien allesamt »alte Hüte«. Es gehe um das bereits geprüfte Investment seines Mandanten bei der *Hypo Alpe Adria* und um Honorare, die dieser als Manager bei *Meinl International Power* bezogen hatte. Indessen stellten die Fahnder das Penthouse auf den Kopf, durchsuchten sogar Fionas Batterie von Kleiderschränken und die Garderobe von Tochter Tara Gertrud. Am Ende trugen sie kistenweise Material aus den verschiedenen Wohnsitzen und Büros, darunter auch Grassers Tagebücher und ein Handy, das Grassers Stiefsohn gehören soll.

ALTE FREUNDIN IM FINANZAMT

Ganz so alt dürften die Hüte, die die Justiz hervorgeholt hatte, aber offenbar doch nicht gewesen sein. Denn nur wenige Tage nach der Razzia ließ wieder einmal die Wiener Stadtzeitung *Falter* mit einer Enthüllungsstory zu Grasser aufhorchen: Eine Fachvorständin im Wiener Finanzamt 1/23, das wie erwähnt auch für den Ex-Finanzminister zuständig ist, sei vom Dienst suspendiert worden, weil gegen sie wegen Amtsmissbrauchs ermittelt werde. Die als fachlich äußert versiert geltende Frau hatte in der Vergangenheit den Steuerakt ihres obersten Chefs bearbeitet, des damaligen Finanzministers Karl-Heinz Grasser. Sie war es auch, die dessen Stiftungskonstruktion für in Ordnung befunden und dazu eine offizielle Unbedenklichkeitsbescheinigung ausgestellt hatte. Auf ihre Expertise hatten sich Grasser und sein Anwalt Ainedter stets berufen, wenn sie betont hatten, es sei alles in Ordnung, weil ohnehin geprüft.

Allein, sie vergaßen dabei stets zu erwähnen, dass die Prüferin eine Studienkollegin von Grasser war. Sie war daher bereits einige Monate vor den Hausdurchsuchungen wegen Befangenheit von dem Fall abgezogen worden. Was zudem auffällt: Die Unbedenklichkeitsbescheinigung trägt laut *Format* das Datum vom 18. September 2009. An diesem Tag trudelten die Selbstanzeigen von Meischberger und Hochegger im Zusammenhang mit der *Buwog*-Provision bei der Justiz ein. »Dass die beiden Ereignisse – Selbstanzeige und Persilschein – in der Steuerbehörde am selben Tag stattfanden, ist aus Ermittlersicht nur schwer vorstellbar«, schreibt das Wirtschaftsmagazin. »Plausibler scheint, dass Meischberger seinen Freund KHG über die Selbstanzeige vorinformiert hat und der danach seine Kontakte im Finanzministerium spielen ließ, um in eigener Sache zu intervenieren.«

Außerdem soll die suspendierte Finanzbeamtin mit Grassers Steuerberater Peter Haunold ein »privates Verhältnis« haben, wie die Staatsanwaltschaft festhielt. Dieser bestreitet das freilich und spricht von einem »rein beruflichen Kontakt«. Allerdings hätte er offiziell das Recht, die Unwahrheit zu sagen. Schließlich wird er als Mitbeschuldigter geführt, und als solcher kann er sich verantworten, wie er es für richtig hält. Daher waren an jenem 26. Mai auch bei ihm Beamte der Steuerfahndung und des Bundeskriminalamts zu Besuch. Obwohl ein österreichischer Steuerberater so wie ein Arzt, Anwalt oder Journalist besondere Verschwiegenheitsrechte genießt, nahmen die Fahnder in versiegelten Kisten zahlreiche Akten mit. Ein Richter sollte danach klären, welche Unterlagen die Ermittler tatsächlich einsehen dürfen.

Für die Finanzbeamtin gilt selbstverständlich die Unschuldsvermutung. Die Vorwürfe klingen jedoch massiv: Ihr wird vorgeworfen, den Fall Grasser zum »Promi-Akt« erklärt und in ihrem Büro versperrt zu haben. Gleichzeitig soll sie jene Abteilung des Finanzministeriums, die für Steueroasen zuständig ist, absichtlich nur unzureichend informiert haben. Sie soll ihren Kollegen zwar den Fall geschildert, den Namen Grasser jedoch verschwiegen haben. Auch soll sie die Tatsache verschwiegen haben, dass Grassers *Waterland*-Stiftung Grasser einen Kredit über 3,7 Millionen Euro gewährte, damit dieser der *Meinl Bank* jenen Kredit zurückzahlen konnte, den er davor für den Umbau seines Penthouse aufgenommen hatte. Der Zinssatz betrug lächerliche 2 Prozent, als Sicherheit gab es nur das Mietrecht über 90 Jahre, das Grasser für sein Penthouse hat. Der Verdacht der Fahnder: Über diese Schiene könnte das über die Karibik und Zypern umgeleitete Geld »frisch gewaschen« wieder an KHG zurückgeflossen sein. Die Beamtin des Finanzamts, die all das gewusst, aber verschwiegen haben soll, wurde daraufhin von ihren Kollegen einvernommen. Sie wies alle Vorwürfe energisch von sich. Das Verfahren gegen sie war bei Drucklegung dieses Buches noch nicht abgeschlossen.

Das Verfahren gegen Grasser wegen Steuerhinterziehung ist eigentlich nur ein »Abfallprodukt« der Ermittlungen im Zusammenhang mit der *Buwog*-Privatisierung. Der für diese Causa zuständige Staatsanwalt hatte bei der Öffnung von Grassers Konto zufällig dessen beide Stiftungen in Liechtenstein entdeckt. Seither spricht er laut *Falter* von »vorsätzlicher Abgabenhinterziehung«: »Die Offenlegung, die Grasser so lautstark verkündet hatte, sei eine Farce gewesen. Dem Finanzamt sei nur ein Teil der gewählten Stiftungs- und Gesellschaftskonstruktionen vorgelegt worden, um eine Bestätigung steuerlicher Unbedenklichkeit zu erwirken. Grasser, so der Hausdurchsuchungsbefehl, habe daher nicht nur bezüglich seiner Steuerpflicht geirrt, sondern mit ›Hinterziehungsvorsatz‹ gehandelt«, zitiert der *Falter* eine Quelle aus der Staatsanwaltschaft.

GRASSERS GEGENANGRIFF

Nach einer Schrecksekunde von fünf Tagen blies Grasser, sekundiert von seinem Anwalt Ainedter, zum Gegenangriff, um seine »supersaubere Weste« zu verteidigen. Dazu lud er zu einer Pressekonferenz in das noble Hotel *Le Méridien* im ersten Bezirk. Der Auftritt war bis ins letzte Detail inszeniert: Der Raum, in dem die Pressekonferenz stattfand, trug tatsächlich den Namen »Bleeding White«. Grasser selbst war bereits vor den Journalisten eingetroffen und besprach sich auf der Terrasse des Cafés des Hotels betont locker und deutlich sichtbar für alle Fotografen mit seinem Anwalt. Demonstrativ ließ er seine Haarpracht im Wind wehen, die an diesem Tag zum ersten Mal leicht grau meliert wirkte – das sollte Seriosität signalisieren und wohl auch ein Zeichen dafür sein, wie nahe ihm die Causa gegangen war. Die Hausdurchsuchung habe nicht nur die Rechte seiner Familie verletzt, sondern »die Mathematik- und Chemiearbeit meines Sohnes am Computer wurde zerstört«. Grasser erklärte, er werde »wie ein Löwe für die Rechte meiner Familie kämpfen«, wies alle Vorwürfe der Steuervergehen von sich und forderte einen parlamentarischen Untersuchungsausschuss zu sich selbst, um den Fall aufzuklären.

Ainedter verglich seinen Mandanten mit dem deutschen Wettermoderator Jörg Kachelmann. Dieser war am selben Tag nach medialer Vorverurteilung und monatelangem Prozess vom Vorwurf der Vergewaltigung freigesprochen worden. Und Ainedter brachte auch eine Beschwerde gegen die Hausdurchsuchungen ein. Diese war verbunden mit einem Einspruch wegen Rechtsverletzung durch die Staatsanwaltschaft Wien, und zwar wegen der Medienpräsenz bei den Hausdurchsuchungen: Die Staatsanwaltschaft habe durch die Mitteilung an die Medien die Vorschriften der Strafprozessordnung verletzt, wonach größtmögliche Rücksicht auf die Betroffenen genommen werden müsse. Die Beschwerde hatte für den weiteren Verlauf des Verfahrens weitreichende Folgen. Denn solange sie nicht endgültig positiv oder negativ entschieden war, durften die Ermittler jene 35 Kisten mit Unterlagen nicht verwenden, die bei der Razzia aus Grassers Privat- und Geschäftsräumen beschlagnahmt worden waren. Weil das auch für die Unterlagen aus dem Büro von Grassers Steuerberater galt, war die aufwendige Durchsuchung vom Mai über Monate hinweg für die sprichwörtliche Katz.

Zudem brachte Grassers Anwalt auch eine Anzeige wegen Amtsmissbrauchs gegen die Wiener Staatsanwaltschaft ein. Diese Anzeige wurde nach Innsbruck weitergeleitet, wo sie die dortige Anklagebehörde weiter bearbeitete. Bei Drucklegung dieses Buches war die Anzeige noch anhängig. Des Weiteren zog Grasser auch gegen mehrere Medien zu Felde und erreichte etwa, dass der *Kurier* auf die Titelseite den Hinweis auf eine Entgegnung stellen musste, die im Blattinneren abgedruckt war.

8.
Plagiatsvorwürfe

Er war der absolute Superstar in der Regierung, das Wunderkind seiner Partei und der beliebteste Politiker des Landes: jung, dynamisch, gut aussehend, perfekte Kinderstube, leutseliges Auftreten und zu allem Überfluss auch noch mit einer attraktiven Frau verheiratet. Alles schien perfekt, doch dann kam der plötzliche Fall. Nein! Die Rede ist hier ausnahmsweise nicht von Karl-Heinz Grasser, sondern von Karl-Theodor zu Guttenberg. Kaum war der deutsche Verteidigungsminister Anfang März 2011 abgetreten, weil sich herausgestellt hatte, dass er einen großen Teil seiner Doktorarbeit abgeschrieben hatte, geriet auch Österreichs politisches Glamour-Pendant Karl-Heinz Grasser in den Fokus der Plagiatsjäger.

Und siehe da: Die Diplomarbeit Karl-Heinz Grassers aus dem Jahr 1991 mit dem Titel »Die Klein-AG der Schweiz. Zivilrechtliche und steuerrechtliche Grundlegung sowie Gestaltungen und Probleme der Rechtspraxis« wies in einer ersten Analyse durch den *Kurier* »zahlreiche, höchst verdächtige Stellen auf, was den Plagiatsverdacht nährt«. Auch der als Plagiatsjäger bekannt gewordene Medienwissenschaftler Stefan Weber ortete auf den 136 Seiten zum Teil »eindeutig Plagiate« und sprach von »verdächtigen Passagen« und »Ungereimtheiten«. Unter Verdacht gekommen war die Arbeit, weil sie im Internet auf der Plagiatsjagd-Plattform *PagiPedi Wiki* auf einer Liste der zur Überprüfung vorgeschlagenen Arbeiten aufgetaucht war.

Das Wort »Plagiat« zog über das Französische in den deutschen Wortschatz ein, kommt aber ursprünglich vom lateinischen »plagium«, was so viel wie »Menschenraub« bedeutet. Es meint, dass jemand fremdes geistiges Eigentum bzw. ein fremdes geistiges Werk wie einen Text, ein Musikstück oder ein Gemälde als sein eigenes ausgibt. Das Unrechtsbewusstsein dafür ist außerhalb der Wissenschaft und jener Kreise, die von ihrem geistigen Eigentum leben, erstaunlich gering. Auch zu Guttenberg trat erst nach längerem Zögern und massivem Druck der geistigen Elite Deutschlands zurück. Seine Partei, die CSU, und Kanzlerin Angela Merkel (CDU) hätten ihn nicht fallen lassen. Demzufolge gilt auch seine Rückkehr in die Politik als jederzeit möglich.

Plagiate sind mittlerweile fast so etwas wie die neue Geißel von Politik und Prominenz geworden. Scharen von Plagiatsjägern, deren Motive bisweilen undurchsichtig sind, haben es sich zur Aufgabe gemacht, die Diplom- und Doktorarbeiten von Prominenten zu durchleuchten und allfällige Abschreibeübungen zu veröffentlichen. Zwar ist es in wissenschaftlichen Abschlussarbeiten üblich und sogar verpflichtend, dass man vorhandene Werke aus dem Fachgebiet berücksichtigt, es geht aber um das korrekte Zitieren daraus. Und die zentralen Überlegungen einer Arbeit sollten schon vom Verfasser selbst stammen. Die reine Zusammenfassung der wissenschaftlichen Literatur macht noch keine Diplom- oder Doktorarbeit aus.

Der damals 23-jährige Karl-Heinz Grasser gab in seiner betriebswirtschaftlichen Diplomarbeit an zahlreichen Stellen beeindruckende Weisheiten zu Papier. Die Arbeit wurde daher auch mit »sehr gut« benotet. Allein, die Überlegungen waren inhaltlich von anderen Quellen übernommen, aber nicht als direkte oder indirekte Zitate gekennzeichnet. Karl-Heinz Grasser hat als junger Student die wissenschaftliche Redlichkeit zumindest vernachlässigt, womit er aber sicher nicht allein war. Allerdings schützt der Hinweis, auch andere würden stehlen, einen Dieb vor Gericht nicht vor einer Verurteilung. Besonders pikant: Grassers damaliger Diplomarbeitsbetreuer, der in Klagenfurt lehrende Professor und Steuerberater Herbert Kofler, machte später unter dem Finanzminister Grasser Karriere.

Dieser bediente sich in seiner Diplomarbeit über die zivil- und steuerrechtlichen Voraussetzungen für kleine Aktiengesellschaften in der Schweiz zahlreicher Werke – so wie das eben bei Diplomarbeiten üblich ist. Der *Kurier* begann sich diese Quellen zu Gemüte zu führen – mit dem Ergebnis: In zahlreichen Bereichen seien deutliche Ähnlichkeiten zu erkennen. Zudem seien mehrere Passagen zwar mit feinen Schachtelsätzen garniert, nicht jedoch mit Quellenangaben versehen – »dies zieht sich über bis zu sechs Seiten am Stück«, so der *Kurier*. Auch bei den Fußnoten zeigten sich diverse Ungereimtheiten.

Das Werk des Juristen Peter Dorscheid habe den jungen Karl-Heinz Grasser offenbar besonders inspiriert. Im ersten Teil der Arbeit würden sich sowohl im Aufbau als auch bei Formulierungen zum Teil verblüffende Gemeinsamkeiten ergeben. Doch nicht immer sei dabei die Quelle genannt. Ein Beispiel, das der *Kurier* zitierte: Dorscheid schreibt in seinem 1984 erschienenen Buch »Austritt und Ausschluss eines Gesellschafters aus der personalistischen Kapitalgesellschaft« auf Seite 32: »*Den Vorteilen der Wahl der Rechtsform einer Kapitalgesellschaft könnten jedoch auch gewisse Nachteile gegenüberstehen. Diese müssten sich dann insbesondere aus der größeren Verselbstständigung der Gesellschaft gegenüber ihren Mitgliedern im Vergleich zu den Personengesellschaften ergeben.*« Grasser notiert in seiner Diplomarbeit auf Seite 24: »*Die Wahl der Rechtsform der AG kann neben den oben erwähnten Vorteilen auch Nachteile mit sich bringen, die sich mE aus der größeren Verselbstständigung der Gesellschaft gegenüber ihren Mitgliedern im Vergleich zu den Personengesellschaften ergeben müssen.*« Mit »mE« meint Grasser übrigens »meines Erachtens«. Grassers Anwalt Manfred Ainedter dazu nur lapidar: »Für mich steht fest: Es hat noch niemand das Rad neu erfunden.«

Die Alpen-Adria-Universität Klagenfurt, an der Grasser 1992 seinen Abschluss gemacht hatte, ließ die Arbeit aufgrund der Vorwürfe überprüfen. Anfang April 2011 kam dann innerhalb weniger Tage der wissenschaftliche Persilschein: Die Diplomarbeit des Ex-Finanzministers sei kein Plagiat, teilte die Universität nach einer »intensiven internen Prüfung« mit. Die Österreichische

Agentur für wissenschaftliche Integrität (ÖAWI) gelangte unabhängig davon ebenfalls zu der Auffassung, es liege kein offenkundiges Abschreiben vor. Im Übrigen könnten und müssten an Diplomarbeiten nicht jene methodischen Anforderungen gestellt werden wie an »wissenschaftliche Arbeiten im engeren Sinn«. Die Angabe der verwendeten Quellen sei aber erforderlich, diese Anforderungen seien in Grassers Diplomarbeit »insgesamt nicht missachtet worden«.

Bei der Prüfung seiner Diplomarbeit war es sicher kein Nachteil, dass Grasser in den Neunzigerjahren längere Zeit Vorstandsmitglied der *Karl Popper Foundation Klagenfurt* war und dieser auch nach seinem Ausscheiden aus dem Vorstand im Jahr 1999 weiter angehörte. Diese Wissenschaftsstiftung steht wiederum der Universität Klagenfurt so nahe, dass ihr Internetauftritt über die Universität erfolgt, und organisiert unter anderem wissenschaftliche Veranstaltungen in Kärnten. Ihr Gründer war übrigens der bekannte *ORF*-Journalist und spätere Gesundheitsminister Franz Kreuzer (SPÖ).

Bei all der Aufregung um die Diplomarbeit ist es wohl gut, dass Grasser eine Doktorarbeit, die er rund zehn Jahre nach Abschluss des Studiums schreiben wollte, nie vollendet hat. Dennoch schaffte es die nicht fertig gestellte Dissertation 2003 in die Schlagzeilen: »Die Senkung der Abgabenquote auf 40 Prozent bis zum Jahr 2010« lautete der Titel, der damit »zufällig« identisch war mit einer Kapitelüberschrift im Stabilitätsprogramm der ÖVP-FPÖ-Koalition für die Jahre 2003 bis 2007, deren Finanzminister wiederum Grasser war. »Diese Titel-Übereinstimmung ist zumindest seltsam palgiatesk, denn schließlich sollte sich eine Dissertation als schriftliche wissenschaftliche Forschungsarbeit durch Eigenständigkeit auszeichnen«, befand *Der Standard*.

Dazu kam, dass Grasser seinen Doktorvater Herbert Kofler, der ihn bereits bei seiner Diplomarbeit betreut hatte, zu einem seiner engsten Berater machte. So war Kofler ab 2004 Leiter der Steuerreformkommission. Zudem hatte ihn Grasser in den Aufsichtsrat der Nationalbank entsandt. »Das ist eine unglückliche

Optik. Schließlich muss Herr Kofler Herrn Grasser irgendwann einmal eine Note geben«, meinte der bekannte Innsbrucker Politikwissenschaftler Anton Pelinka damals im *trend* und forderte Kofler auf, die Betreuung Grassers zurückzulegen, was dieser freilich nicht tat. Manche Probleme lösen sich mit der Zeit: Grasser gab seine Arbeit nie ab, damit konnte er auch seinen Professor nicht in Verlegenheit bringen.

»Grasser ist für Österreich ein neues Phänomen«
Florian Klenk, stellvertretender Chefredakteur der Wochenzeitung *Falter* und Aufdecker der Telefonprotokolle, über Karl-Heinz Grasser.

Was ist Ihr Interesse am »Fall Grasser«? Geht es Ihnen darum, nur eine tolle Story zu haben, oder doch um mehr?
FLORIAN KLENK: Ich glaube, dass der »Fall Grasser«, die Affären rund um ihn, seine Verflechtungen und die Art und Weise, wie er Politik gemacht und politische Entscheidungen umgesetzt hat, exemplarisch zeigen, ob wir einen Staat haben, in dem rechtsstaatliche Verfahren gelten: Werden Entscheidungen danach getroffen, wer der Beste ist? Oder danach, wer mit einem Minister befreundet ist? Der Fall ist abseits der Society-Komponente, die er sicherlich hat, die mich aber nicht interessiert, so interessant, weil er zeigt, ob die Verwaltung und insbesondere die Finanzverwaltung so funktioniert, wie es im Gesetz steht, oder ob hier jemand versucht hat, sich und seine Haberer persönlich zu bereichern. Schließlich geht es auch um die Frage, ob die FPÖ eine korrupte Regierungspartei war.

Steht Karl-Heinz Grasser stellvertretend für das gesamte politische System oder ist er ein »Einzeltäter«?
FLORIAN KLENK: Er ist für Österreich ein neues Phänomen. Wenn ich vom »Fall« Karl-Heinz Grasser spreche, dann meine ich ihn nicht als Person alleine, sondern ich spreche von seinem gesamten Beraternetz, von den Leuten, mit denen er gemeinsam Firmen hatte und Privatgeschäfte machte. Exemplarisch ist der Fall deshalb, weil Grasser private und staatliche Geschäfte vermischt hat und weil seine Freunde und Geschäftspartner auch staatliche Gelder bekommen und bei staatlichen Auswahlverfahren mitgeschnitten haben.

Ist das wirklich neu? Korruption und unsaubere Geschäfte in der Politik gab es ja schon vor Grasser.

FLORIAN KLENK: Wenn es bei der roten und schwarzen »Korruption« Zahlungen gegeben hat, dann sind diese meist den Parteien zugekommen. Das ist nicht minder schlimm. Wenn Leute persönliche Vorteile bekamen, dann war das in Form irgendwelcher Posten. Das war lange Zeit das von der FPÖ in den Neunzigern so erbarmungslos kritisierte rot-schwarze »Bonzen-System«. Neu an dieser von Jörg Haider herangezüchteten Grasser-Partie ist, dass deren Mitglieder in kürzester Zeit am Rande von staatlichen Deals persönlich schwerreich wurden, obwohl sie einst eine besonders saubere Politik propagiert hatten. Der eine leistete »Beratung«, der andere streifte eine Provision ein, da verdiente der Dritte mittels Consulting und der Nächste schnitt bei der Privatisierung ein paar Milliönchen mit und fragt: »Wo woar mei Leistung?« Dieser Fall ist so interessant, weil er eben ein neues, raffgieriges System abbildet.

Aber er steht nicht für die gesamte heimische Politik?

FLORIAN KLENK: Nein. Es geht um die Art und Weise, wie von einer Gruppe von Haider-Zöglingen Politik gemacht wurde: Öffentliche Güter wurden privatisiert und dabei haben die persönlichen Freunde und der Trauzeuge des Finanzministers Millionen verdient. Man wird hoffentlich bald wissen, auf welchen Konten das Geld gelandet ist. Die Gier geht sogar so weit, dass sich diese Leute die Steuer ersparen wollen und über Schwarzgeldkonten abgerechnet haben. Ich denke, wir stehen derzeit an einem Scheideweg: Wenn das alles durchgeht, wenn hier nicht Selbstreinigungskräfte auftreten, wird es das Land nachhaltig zum Schlechteren verändern. Die langen Ermittlungen von Polizei und Justiz zeigen aber, dass es diese Selbstreinigungskräfte gibt. Die Justiz muss nun entscheiden, ob es ein Kriminalfall ist oder ob das gerade noch legal und besonders trickreich war. Die für mich entscheidende Frage ist: Wird dieses System, in dem Politiker nicht mehr dem allgemeinen Wohl verpflichtet sind, sondern dem

Wohl ihrer persönlichen Freunde, von der Justiz gestürzt? Passiert das nicht, dann haben wir keine res publica mehr, sondern eine »banana republic«.

Warum dauern die Ermittlungen der Justiz so lange?
FLORIAN KLENK: Ich habe nicht den Eindruck, dass die Ermittlungen zu lange dauern. Das ist Grassers Spin. Die Causa ist ein hochkomplexer Fall, der von den Leuten ja geschickt geführt wurde. Sie haben versucht, ihre Deals auf einer legalen Schiene zu bewegen. Das macht die Ermittlungen eben so schwierig. Wenn Herr Meischberger eine Provision erhält und sagt: »Ich bin Berater und Makler, und ich habe von der Firma Porr Geld bekommen, weil ich tolle Immobilien vermittle.«, dann hat das zuerst einmal den Anstrich des Legalen. Das Schwierige ist nun nachzuweisen, ob diese Gelder zum Teil an den Minister oder in seine wirtschaftliche Sphäre zurückgeflossen sind. Wenn dieser Beweis nicht erbracht werden kann, liegt keine strafbare Handlung vor. Dann hat das Immobilienmaklerbüro von Meischberger halt einen guten Job gemacht. Die Ermittler müssen zum Beispiel unglaublich viele ausländische Konten öffnen, um herauszufinden, wie etwa Grassers Stiftungen angelegt sind und welche Verflechtungen es gibt. Dann wurden auch unglaubliche Datenmengen beschlagnahmt. Alleine in der Porr-Affäre wurde der gesamte E-Mail-Server der Porr abgesaugt. Das muss alles ausgewertet werden, da müssen die Leute dazu befragt werden. Also: Ich halte die Ermittlungen nicht für zu lange. Es ist halt nicht so leicht wie im Fall Scheuch, bei dem es ein Tonband gab, oder wie im Fall Strasser, wo dieser leicht angetrunken offen gesagt hat, wie viel Geld er für ein Gesetz will.

Was, glauben Sie, war das Motiv des Karl-Heinz Grasser? Wollte er sich selbst bereichern oder hat er sich einfach in der Rolle des Strippenziehers gefallen?
FLORIAN KLENK: Er war ein Politiker, der von Anfang an und bis zuletzt den Unterschied zwischen seinen privaten Geschäften

und seinem öffentlichen Amt nicht verstanden hat. Er ist nie angekommen in der Rolle als Minister, der im Sinne des Allgemeinwohls zu regieren hat. Das zieht sich durch wie ein roter Faden – von der Homepage bis zu den Beratern, die seine engsten Freunde waren, und bis zum Fall Meinl, wo er Millionen kassierte und das Volk abzockte. Dafür kann man verschiedene Motive annehmen. Variante 1: Er und seine Freunde wurden gierig. Variante 2: Er hat einfach nicht verstanden, was die Rolle eines Ministers in einer demokratischen Republik ist. Welche Variante stimmt, weiß ich nicht. Natürlich hat er einen Faible für den Jetset, und es taugt ihm, dass er der Feschak ist, der Wohnsitze in der Wiener City, in Kitzbühel und am Wörthersee hat. Das alles kann er ruhig haben und es interessiert mich auch nicht. Mich interessiert nur, ob er sein Amt als Minister ordnungsgemäß ausgeübt oder ob er sich persönlich bereichert hat. Wenn er sich strafrechtswidrig persönlich bereichert hat, gehört er hart bestraft.

Kann man auch zu viel aufdecken, in dem Sinn, dass das politische System so weit diskreditiert wird, dass zukünftige Politiker abgeschreckt werden?
FLORIAN KLENK: Ich würde einen Vergleich mit dem Weinskandal ziehen: Wir hatten in den Achtzigerjahren Weinbauern, die Glykol in ihren Wein gemischt haben, bis die Justiz gesagt hat: »Das ist ein Verbrechen und dafür geht ihr in den Häfn und zwar ordentlich.« Danach setzte man auf Qualität und Österreich wurde ein Wein-Musterland. Insofern glaube ich, dass man nicht genug aufdecken und aufklären kann. Die Journalisten haben derzeit die Funktion von Pathologen, die sich den Korpus der schwarzblauen Koalition auf den Seziertisch gelegt haben. Was wir derzeit erleben, ist in Wirklichkeit eine Aufarbeitung der Ära Haider bzw. der Haider-Parteien FPÖ, BZÖ und FPK. Man vergisst ja immer, dass all die Grasser-Freunderln FPÖ-Politiker waren. Das war eine Partei, die sehr schnell sehr groß wurde, die sich rekrutiert hat am Wörthersee und in den Disco-Kneipen dieses Landes, und in der Leute, die keine klassischen Politikerkarrieren hinter

sich hatten, plötzlich in unglaublich mächtigen Ämtern waren. Die Funktionen wurden mit lauter Emporkömmlingen gefüllt, mit ehemaligen Tankstellenpächtern und Installateurlehrlingen, die auf einmal an großen Rädern drehen konnten. Das wird nun langsam alles sichtbar. Und dann gab es noch Jörg Haider, der Geld eingesteckt und sich und seine Politik sponsern hat lassen. In dieser Form hat es das unter Rot und Schwarz so massiv nicht gegeben. Mir fällt ja langsam kein freiheitlicher Politiker mehr ein, der nicht korrupt war.

Es gibt aus der FPÖ den Vorwurf, die politische Linke und die mit ihr verbundenen Medien würden Grasser verfolgen, um den weiteren Aufstieg des HC Strache zu verhindern und die SPÖ-Herrschaft zu festigen. Was sagen Sie dazu?
FLORIAN KLENK: Der *Falter* ist sicher mit keiner politischen Partei in irgendeiner Form verbunden, schon gar nicht mit der SPÖ. Wir haben in vielen Affären scharfe Kritik an der SPÖ geübt und dabei genau jenen investigativen Journalismus betrieben wie jetzt bei Grasser. Es ist eine völlig kindliche Vorstellung von Journalismus, zu glauben, die SPÖ gibt eine Order an »ihre« Medien aus. Das ist völliger Quatsch. Grasser ist interessant, weil es zum ersten Mal möglich wird, durch Kontoöffnungen, durch Hausdurchsuchungen, durch die Tagebücher seiner Berater und durch die Aussagen seiner engsten Mitarbeiter ein System offenzulegen, in dem eine Hand die andere gehalten und bezahlt hat. Das sind keine Erfindungen der SPÖ, sondern harte Fakten. Und an diesen Fakten orientieren wir uns als Journalisten. Wir schreiben, was ist.

TEIL III

Das Leben
des Karl-Heinz Grasser

»Er ist ein Symbol der Unverschämtheit«

Der Kabarettist und Grasser-Darsteller Florian Scheuba über Karl-Heinz Grasser.

Wie ist die Idee zu der bislang einzigartigen »Vorlesung« aus den Telefonprotokollen entstanden?
FLORIAN SCHEUBA: Aus der spezifischen Situation heraus, die damals herrschte. Florian Klenk *(stellvertretender Chefredakteur des Falter – Anm. d. Verf.)* hatte diese Unterlagen. Das meiste davon war aber für die Öffentlichkeit nicht zugänglich, weil das österreichische Mediengesetz verbietet, solche Protokolle medial zu verbreiten, außer wenn sie Gegenstand einer parlamentarischen Anfrage sind. Ein öffentlicher Vortrag solcher Akten stellt keine mediale Verbreitung dar und deshalb war unsere Lesung juristisch einwandfrei. Zuerst gab es Pläne, das an einem Theater zu machen, aber für uns war das eher ein Vortrag als eine Theateraufführung. Dankenswerterweise hat Dekan Heinz Mayer von der juridischen Fakultät dann erklärt, er sehe eine Vorlesung zu diesem Thema als Bereicherung des universitären Betriebes und würde uns gerne als Vortragende einladen.

Die Protokolle sind ja durchaus humoristisch. Oder ist Ihnen beim Studium und beim Vortrag das Lachen vergangen?
FLORIAN SCHEUBA: Zum Teil! Natürlich ist vieles unfreiwillig komisch. Und manches ist so jämmerlich und erbärmlich, dass man eine andere Einschätzung der Dinge bekommt. Man hat ja oft das Gefühl, dass es sich bei diesen Machenschaften um ganz durchtriebene, perfekt geplante Aktionen gehandelt hat. Teilweise waren die Akteure aber völlig konfus in ihrer Planung und haben sich in ihren eigenen Lügenkonstruktionen nicht mehr ausgekannt. Sie waren mitunter einfach überfordert – das geht aus

diesen Protokollen eindeutig hervor. Und das hat natürlich auch einen komischen Aspekt.

Wie war das Gefühl, in die Rolle des Karl-Heinz Grasser zu schlüpfen, quasi seine Stimme zu sein?
FLORIAN SCHEUBA: Das habe ich ja auch zuvor schon öfter gemacht. Es war bei den Abhörprotokollen nicht so spektakulär, weil das ja ein reiner Vortrag war, der nicht den Anspruch hatte, eine Theater- oder Kabarettvorführung zu sein. Aber ich habe schon in diversen Fernsehshows und auf der Bühne Karl-Heinz Grasser gespielt und so gesehen war es nichts Neues für mich.

Ist Karl-Heinz Grasser für Sie ein willkommenes »Opfer«, auf dessen Kosten Sie sich als Kabarettist belustigen können? Oder warum beschäftigen Sie sich sonst so oft mit ihm?
FLORIAN SCHEUBA: Also, im Zusammenhang mit Karl-Heinz Grasser von »auf die Kosten von …« zu sprechen ist lustig, weil es wenige Österreicher gibt, die sich so sehr auf Kosten der Bürger dieser Republik bereichert haben wie Karl-Heinz Grasser. Er ist für mich ein Symbol der Dreistigkeit und Unverschämtheit. So gesehen, sind die Sachen, die wir als Künstler machen können, kleine Notwehraktionen, die in keinem Verhältnis zu dem stehen, was sich der schon alles erlaubt hat. Da sind wir wirklich viel zu harmlos.

Grasser wirft seinen Gegnern immer wieder vor, diese seien einfach politisch motiviert …
FLORIAN SCHEUBA: Die Ablehnung von Korruption hat nichts mit politischer Motivation zu tun. Es wäre ganz egal, für welche Partei Grasser steht. Ihm selbst war es ja auch völlig egal, für welche Partei er agiert hat – es hat sich alles immer nur um seinen eigenen Vorteil gedreht. Grasser wegen seiner politischen Gesinnung abzulehnen ist ein Ding der Unmöglichkeit, denn er hat keine. Es geht hier um Kriminalität, um Freunderlwirtschaft und um Bereicherung auf Kosten der Allgemeinheit. Das sind Vorgänge, die einen empören – wurscht, ob man Künstler ist oder nicht.

Ist es die Aufgabe eines Künstlers, hier tätig zu werden? Sollten nicht vielmehr die Gerichte aufklären?
FLORIAN SCHEUBA: Die Gerichte tun das ja schon seit langer Zeit. Es geht nur wahnsinnig wenig weiter, weil das System der verschleierten Geldflüsse so verschachtelt ist. Die Ermittler müssen auf die Mitarbeit von Liechtensteiner Banken hoffen, die alles andere als interessiert daran sind, einen ihrer guten Kunden auffliegen zu lassen. Wenn man sich für Politik interessiert und nicht fatalistisch »es hat eh alles keinen Sinn« sagt, dann muss man sich damit beschäftigen und muss die Dinge beim Namen nennen.

Was hat Karl-Heinz Grasser in seinem Tun vorangetrieben?
FLORIAN SCHEUBA: Ich glaube, Hybris. Er hat seinen raschen gesellschaftlichen Aufstieg vom Autoverkäufer in Klagenfurt zum Polit-Wunderkind schlecht verkraftet. Es gibt von ihm die Aussage: »Wie ich bei uns im Autohaus meiner Eltern gearbeitet habe, haben mich dann manche verwechselt mit einer Frau.« Dieses Originalzitat habe ich ihn auch in meinem Stück »Unschuldsvermutung« auf der Bühne sagen lassen, worauf sein Gesprächspartner antwortet: »Da werden die Kunden aber enttäuscht gewesen sein, als sie draufgekommen sind, dass dem nicht so ist. Der einzige Kunde, der darüber nicht enttäuscht war, war wahrscheinlich Jörg Haider.« Ich glaube, das ist gar nicht so weit weg von der Realität, wie die Karriere des Karl-Heinz Grasser tatsächlich begann. Es ist die klassische Aufsteigergeschichte von jemandem, der plötzlich das Gefühl hat, König Midas zu sein – alles wird zu Gold in seinen Händen –, und dann jegliches Maß verliert.

Ist er symptomatisch für den Zustand dieser Republik?
FLORIAN SCHEUBA: Er ist leider kein Einzelfall, was uns zum Beispiel gerade die *Telekom*-Affäre vor Augen führt. Es ist nur interessant, dass der Grasser bei unglaublich vielen Affären involviert war. Den Satz seines eigenen Anwalts: »Nicht überall, wo Skandal draufsteht, ist auch Grasser drin.«, kann man wörtlich nehmen: nicht überall, aber sehr, sehr oft.

9.
Das Netzwerk des KHG

Karl-Heinz Garasser ist ein glänzender Netzwerker mit hervorragendem Auftreten. Sein schneller Aufstieg und sein Erfolg als »bester Finanzminister aller Zeiten« und Superstar der beiden Schüssel-Regierungen waren nur möglich, weil er über diese Fähigkeiten verfügt. Er verstand es in seiner Karriere stets, einerseits an die richtigen Mentoren wie Jörg Haider, Frank Stronach, Wolfgang Schüssel oder Julius Meinl anzudocken und sich mit diesen gut zu stellen, und sich andererseits auch selbst einen Kreis von Vertrauten und Günstlingen aufzubauen, die ihn quasi als Zeichen der Zugehörigkeit zum inneren Kreis »Hinze« nannten. Grasser liebt es, den Strippenzieher zu geben, wie Ex-Staatssekretär Eduard Mainoni betont: »Sich die richtigen Leute in die richtigen Positionen zu setzen deutet schon auf einiges hin. Er macht das mit Überzeugung, da wirkt er authentisch.«

ZIEHVÄTER UND MENTOREN

Politischer Lebensmensch Grassers war Jörg Haider (1950–2008). Den charismatischen FPÖ-Obmann lernte der fesche, frisch gebackene Jungakademiker Grasser 1992 persönlich näher kennen. Damals umgab sich Haider mit einer ganzen Gruppe von jungen, gut aussehenden Sekretären, der sogenannten »Buberlpartie«, der auch Walter Meischberger und Peter Westenthaler angehörten. »Allen gemeinsam war, dass sie nicht aus dem Parteiapparat kamen und nur gegenüber Haider loyal waren«, charakterisierte die *Presse* die Gruppe. Grasser wurde rasch in diese

»Buberlpartie« aufgenommen – zuerst als Mitarbeiter im FPÖ-Parlamentsklub. Ein Jahr später, im zarten Alter von 24 Jahren, wurde er gleich Generalsekretär der FPÖ. Wiederum nur ein Jahr später machte Haider den gut aussehenden und redegewandten Kärntner mit 25 Jahren zum jüngsten Landeshauptmann-Stellvertreter aller Zeiten.

Nach einem ersten persönlichen Bruch 1998 holte Haider seinen Zauberlehrling Anfang 2000 als Finanzminister zurück in die Politik. Allerdings war Grasser keineswegs die erste Wahl gewesen. Haider hatte ihn erst angerufen, als Bundspräsident Thomas Klestil den eigentlich vorgesehenen Finanzminister, den Industriellen Thomas Prinzhorn, abgelehnt hatte. Grasser wäre nie das geworden, hätte ihn Haider nicht gefördert, aber auch gefordert. Erst nach dem »Putsch« der FPÖ-Basis gegen die damalige blaue Regierungsspitze mit Vizekanzlerin Susanne Riess-Passer und Karl-Heinz Grasser im Herbst 2002 in Knittelfeld kam es zum zweiten und endgültigen Bruch mit Haider.

»Hinze« fand aber rasch einen neuen politischen Mentor: Wolfgang Schüssel (*1945). Der gewiefte Taktiker hatte es geschafft, am 4. Februar 2000 zum Kanzler angelobt zu werden, obwohl seine Partei bei der Nationalratswahl im Oktober 1999 nur auf Platz drei gelandet war. Dabei hatte Schüssel für diesen Fall eigentlich den Gang in die Opposition angekündigt – der Ballhausplatz ist aber schon ein gebrochenes Versprechen wert. Schüssel machte Haider durch die Koalition mit der FPÖ zwar salonfähig, entzauberte die blauen Populisten aber auch und provozierte so zumindest indirekt den Knittelfeld-Putsch und die spätere Abspaltung des BZÖ. Nach seinem sensationellen Wahlerfolg 2002 holte er KHG, der trotz Rücktritts das Finanzministerium keinen Tag verlassen hatte, als Finanzminister in sein neues Kabinett. Formal war Grasser parteifrei, gehörte aber dem ÖVP-Vorstand an und wurde daher fortan als ÖVP-Minister gezählt. Wäre es nach Schüssel gegangen, wäre Grasser 2007 sogar Vizekanzler für die Volkspartei geworden. Allerdings konnte das eine Gruppe um den langjährigen ÖVP-Klubchef und Nationalratspräsidenten Andreas Khol verhindern.

Inzwischen hat sich Schüssel aber gänzlich von seinem ehemaligen Protegé abgewandt: Zur Feier seines 65. Geburtstags in Schönbrunn hatte er die ehemaligen Mitglieder seiner beiden Regierungen mehrheitlich eingeladen – darunter auch Grasser. Der kam wie so oft mit der angemessenen Verspätung eines Stars. Schüssel habe aber keine Notiz von ihm genommen, erinnert sich Ex-Staatssekretär Eduard Mainoni, der ebenfalls zu Gast war. In seiner Rede begrüßte er einige ehemalige Regierungskollegen namentlich, während er Grasser mit keinem Wort erwähnte. »Das war ein bewusster Affront«, ist sich Mainoni sicher. Zu Karl-Heinz Grasser hat sich Schüssel seit Beginn der Enthüllungen über den Ex-Minister nicht mehr geäußert. Eine Interviewanfrage für dieses Buch hat der Ex-Kanzler nicht einmal beantwortet. Er muss nun erleben, wie durch die Aufdeckung des »Systems Grasser« auch sein Lebenswerk als Kanzler scheibchenweise demontiert wird.

Viel zu verdanken hat KHG auch der Familie Dichand: Der mittlerweile verstorbene Gründer und Herausgeber der *Kronen Zeitung* Hans Dichand (1921–2010) fasste Grasser stets mit Glacéhandschuhen an, ja hofierte ihn regelrecht. Affären rund um den feschen Finanzminister wurden entweder nicht berichtet oder glatt weggeschrieben. Als es im Frühjahr 2005 in anderen Medien über Grassers Verhältnis zu Fiona Swarovski bereits bebilderte Artikel gab, titelte die *Krone* unter Dichand senior: »So trotzt Grasser Gerücht um Beziehungskrise.« Wenige Wochen später löste KHG dann die Verlobung mit Natalia Corrales-Diez und blamierte damit indirekt auch die *Krone*. Dennoch setzte Christoph Dichand nach dem Tod seines Vaters die Linie fort: Im Endbericht der Polizei zur Affäre rund um die Auftragsvergabe an *Lehman Brothers* im Zusammenhang mit der *Buwog*-Privatisierung unterstellten die Ermittler Grasser eine »Schädigung der Republik« aufgrund der »Freundschaft zu Karlheinz Muhr«. Die *Krone* sah den Ex-Finanzminister hingegen als entlastet an und ortete einen »peinlichen Bauchfleck der Grasser-Jagdgesellschaft«. Denn: Der »Etappensieg für Grasser« passe den »Grasser-Jägern offensichtlich nicht in den Kram«.

In seiner Zeit zwischen der Kärntner Landespolitik und der Zeit als Finanzminister war Grasser von 1998 bis Anfang 2000 als Personalchef und Pressesprecher im *Magna*-Konzern des Austro-Kanadiers Frank Stronach (*1932) tätig. Der gelernte Werkzeugmacher Stronach, der mit Geburtsnamen Franz Strohsack hieß, war 1954 mit nur 200 Dollar in der Tasche per Schiff nach Kanada ausgewandert und schuf dort einen der größten Autozulieferbetriebe Nordamerikas. Ab 1986 baute er *Magna Europa* auf. Die Zentrale des Teilkonzerns, die *Magna Holding AG*, sitzt in Oberwaltersdorf (Niederösterreich), rund 25 Kilometer südlich von Wien. Stronach wusste als gewiefter Unternehmer und als gelernter Österreicher, wie wertvoll die Nähe zur Politik ist, und suchte diese zu allen Parteien. So holte er im Jahr 2000 den gerade zurückgetretenen Bundesgeschäftsführer der SPÖ Andreas Rudas in den Vorstand seines Konzerns. Der gab sich gewissermaßen mit Grasser die Klinke in die Hand. Denn dieser war als Shootingstar der FPÖ gerade zum Finanzminister der schwarz-blauen Regierung berufen worden.

Kontakte soll Stronach bereits zu Grasser gepflegt haben, als dieser noch Landeshauptmann-Stellvertreter in Kärnten war. So soll die Umwidmung eines Grundstücks am Wörthersee, das Stronach gehörte, Haider dazu bewogen zu haben, seinen »Wunderknaben« abzusägen. Auch als Finanzminister war Grasser seinem Ex-Arbeitgeber durchaus gewogen: Siegfried Wolf, den Vorstandsvorsitzenden von *Magna Europe*, machte er zum Aufsichtsrat der Holding *ÖIAG*, über die der Staat Österreich seine Industriebeteiligungen hält. Im Frühsommer 2003 flog Grasser mit einem Privatjet des *Magna*-Konzerns zum Formel-1-Rennen nach Monte Carlo, was sogar in der Regierung und in den Parlamentsklubs von ÖVP und FPÖ einiges Kopfschütteln auslöste. Wenig später wurde bekannt, dass es zwischen der *ÖIAG* und *Magna* Geheimverhandlungen über den Verkauf der Staatsanteile an der *Voestalpine AG* gab. Der Codename des Projekts lautete »Minerva«. Nach heftigen Protesten aus allen Lagern und wegen einer bevorstehenden Landtagswahl in Oberösterreich wurde der Deal auf Eis gelegt.

Besonders oft war Karl-Heinz Grasser während seiner Zeit als Finanzminister an der Seite von *Red-Bull*-Gründer Dietrich Mateschitz (*1944) zu sehen. Er fehlte in seiner aktiven Politikerzeit auf kaum einer *Red-Bull*-Party. Seine spätere Frau Fiona Pacifico-Griffini »Swarovski« soll er bei einem Side-Event zum Hahnenkammrennen in Kitzbühel näher kennengelernt haben. *Red Bull* ist neben *Audi* Hauptsponsor des Rennwochenendes. »Hinze« und Fiona gehörten lange Zeit zu den meistfotografierten Personen im *Seitenblicke Magazin*, das seit dem Frühjahr 2004 unter dem Einfluss von Mateschitz steht. Bei seiner Hochzeit mit Fiona kreiste sogar ein *Red-Bull*-Flugzeug über dem Standesamt. Grasser revanchierte sich für die Publicity, die ihm der Energydrink-Konzern und die Nähe zu Mateschitz boten, indem er regelmäßig die Werbetrommel für *Red Bull* rührte: Das Getränk erinnere ihn an Gummibärchen und an seine Kindheit.

Die Nähe zu Mateschitz führte nach dem Ausscheiden Grassers aus der Politik zu dem Gerücht, der smarte und fesche Ex-Finanzminister könnte ins Management des *Red-Bull*-Imperiums wechseln. Niemand Geringerer als Mateschitz selbst räumte jedoch mit diesen Spekulationen auf, als er dem Wirtschaftsmagazin *Format* sagte: »Es gab nie ein konkretes Angebot. Ich glaube, dass das Unternehmen *Red Bull* einem langjährigen Finanzminister keine entsprechende Position bieten kann. Umgekehrt glaube ich, dass Herr Grasser sich bei *Red Bull* nur bedingt wohlfühlen und integrieren könnte.« Angesichts der vielen Affären, in die Grasser seit 2009 verwickelt ist, wird Mateschitz froh sein, dass es nie zu einer Zusammenarbeit mit dem Ex-Minister kam.

(GESCHÄFTS)FREUNDE

Freundschaft und Geschäft sind für Grasser kein Widerspruch. Im Gegenteil: Seine Freunde machten Karriere und gute Gewinne, als er in der Regierung saß. Staatsanwaltschaft und Ermittler des Bundeskriminalamts glauben, dass davon wiederum Grasser selbst profitierte, was dieser freilich heftig bestreitet. Der engste Freund Grassers ist Walter »Meischi« Meischberger (*1959). Den knapp zehn Jahre älteren Tiroler, der als Jörg Haiders »Ur-Buberl« gilt, kennt er seit der Zeit als Generalsekretär der FPÖ. »Das ist eine echte Männerfreundschaft«, beschreibt ein Kenner der beiden das Verhältnis.

Während Grassers politische Karriere steil nach oben führte, endete jene seines Freundes im Februar 1999 jäh, nachdem dieser Ende 1998 wegen Anstiftung zur Steuerhinterziehung rechtskräftig verurteilt worden war. Hintergrund: Meischberger war Manager des prominenten Wiener Fußballers Peter Stöger, der 1994 von der Wiener Austria zum FC Tirol gewechselt war. Neben dem regulären Gehalt hatte der Vorstandssprecher des Klubs Klaus Mair ein »Handgeld« von drei Millionen Schilling (218.000 Euro) ausgezahlt, das Meischberger für Stöger bar entgegengenommen hatte. Der erzwungene Rücktritt als Politiker schmerzte Meischberger doppelt, schließlich hätte er nur 39 Tage später nach zehn Jahren im Nationalrat Anspruch auf eine Politikerrente gehabt. Im Nachhinein stellte sich heraus, dass sich »Meischi« den Rücktritt von seiner Partei offenbar hatte abkaufen lassen. Der Preis: 2,5 Millionen Schilling (181.682 Euro) in Form eines anonymen Überbringersparbuchs. Gleichzeitig hatte er bei einer Pressekonferenz an der Seite Haiders erklärt, »wir Freiheitliche [sind] anständige Menschen«. Ex-Staatssekretär Eduard Mainoni, der Meischberger aus der gemeinsamen Zeit in der FPÖ gut kennt, meint dazu: »Meischberger hat nicht nur um der Politik willen Politik gemacht, sondern auch, um zu Geld zu kommen.«

Im Jahr 2000 gründete Meischberger dann mit dem Immobilienhändler Ernst Karl Plech das Society-Monatsmagazin *Seitenblicke*. Wenig überraschend war der gemeinsame Spezi von »Meischi« und Plech, Karl-Heinz Grasser, regelmäßig prominent und positiv in der Zeitschrift vertreten. Im März 2004 übernahmen *Red-Bull*-Gründer Dietrich Mateschitz, Ex-Motocross-Weltmeister Heinz Kinigadner und Ex-*KTM*-Vorstand Markus Stauder das zu diesem Zeitpunkt angeschlagene Magazin. Plech und Meischberger zogen sich völlig zurück. Mittlerweile gehört das *Seitenblicke Magazin* zur Gänze zum *Red Bull Mediahouse*, in dem der Energydrink-Konzern seine Medienaktivitäten bündelt.

Trotz seines unehrenhaften Ausscheidens aus der Politik verbrachte »Meischi« mit Grasser viel Zeit, als dieser Minister war und eigentlich einen sehr engen Terminkalender haben sollte. Die beiden wurden oft auf dem Golfplatz oder bei stundenlangen Gesprächen in der *Sky Bar* in der Kärntner Straße oder in der *Onyx Bar* im Haas-Haus am Stephansplatz beobachtet. Der Tiroler war auch Grassers Trauzeuge bei der Hochzeit mit Fiona Swarovski. Bei der *Buwog*-Affäre kassierte Meischberger mit 80 Prozent den Löwenanteil der 9,6 Millionen Euro Provision, die die *Immofinanz* an ihn und Peter Hochegger ausgezahlt hatte. Nach seinem Ausscheiden als Minister gründeten Grasser und Meischberger mit Hochegger als drittem Partner die PR-Agentur *Valora Solutions Projektbegleitung GmbH*. Dieses Unternehmen hat übrigens nichts zu tun mit der *Valora Unternehmensberatung und -beteiligung AG*, über die Hochegger für die *Telekom Austria* dubiose Zahlungen geleistet haben soll. Mit dem Auffliegen der *Buwog*-Affäre im September 2009 will Grasser jeden Kontakt zu seinem besten Freund abgebrochen haben. Die Anteile an der gemeinsamen Agentur hatte er schon im Februar 2008 »aus beruflichen Gründen« an Meischberger abgetreten. Allerdings beweisen aufgezeichnete Telefonate von Anfang 2010, dass er weiterhin mit »Meischi« in Verbindung stand.

Bei den regelmäßigen Treffen zwischen »Meischi« und Grasser in Wiener In-Lokalen war laut Augenzeugenberichten hin und wieder auch Gernot Rumpold (*1957) dabei. Der Kärntner, der nach der HTL im Heizungs- und Lüftungsbau gearbeitet hatte, gehörte schon sehr früh zum engsten Kreis um Jörg Haider, wurde 1986 dessen persönlicher Referent und war schließlich in den Jahren von 1990 bis 1996 Bundesgeschäftsführer der FPÖ und Haiders Mann fürs Grobe. Wann immer ein Funktionär zum Rücktritt gebracht werden sollte, Rumpold überbrachte als Vollstrecker die Botschaft seines Herrn. Schon 1994 übernahm er parallel zu seinem Parteijob die Leitung der FPÖ-Werbeagentur *FP-1998 Werbeberatungs GmbH*. Später gründete er mit seiner Frau Erika die PR-Agentur *100 % Communications*. Das Ehepaar Rumpold steht in Verdacht, im Zuge der *Eurofighter*-Beschaffung überhöhte Zahlungen an seine Firma erhalten zu haben, die möglicherweise an die FPÖ weiterflossen. Es gilt die Unschuldsvermutung. Vor dem *Eurofighter*-Untersuchungsausschuss verweigerten Gernot und Erika Rumpold die Aussage.

Karriere und viel Geld machte im Umfeld von Grasser der Immobilienhändler Ernst Karl Plech. Der war schon in den Jahren davor immer wieder im Umfeld der FPÖ und Jörg Haiders aufgetaucht und hatte zum Teil verhältnismäßig großzügige Spenden geleistet, indem er etwa die Rechnungen für das Catering bei Veranstaltungen bezahlte. »Er war in der Partei eine sagenumwobene Gestalt, der mit dem Jörg sehr gut war und der ihn auch immer anrufen konnte«, beschreibt ihn Ex-Politiker Eduard Mainoni. Kein Wunder, hatte doch Plech Haider in der Wiener City ein Penthouse zur Verfügung gestellt. Der FPÖ soll der Immobilienhändler jedoch nie angehört haben. Im Jahr 2000 gründete er dann gemeinsam mit Meischberger das Society-Magazin *Seitenblicke*. Grasser machte Plech zum Aufsichtsratsvorsitzenden der *Buwog* und zum stellvertretenden Aufsichtsratsvorsitzenden der *Bundesimmobiliengesellschaft (BIG)*.

In seiner Funktion im *Buwog*-Aufsichtsrat war Plech an der Vergabe des Auftrags zur Abwicklung der Privatisierung an *Lehman Brothers* beteiligt. Und er durfte im Jahr 2001 unter anderem die Übersiedlung des Handelsgerichts und mehrerer Dienststellen des Finanzministeriums vermitteln und erhielt dafür satte Provisionen: 600.000 Euro flossen allein dafür, dass Plech dem Bund den Wiener City Tower als Gerichtsgebäude vermittelt hatte. Im Sommer 2009 gründete er gemeinsam mit Grasser und dem Real-Estate-Experten Jürgen Schnabl die *GPS Immoblien GmbH*, aus der Grasser und Schnabl im Juni 2011 wieder ausstiegen. Gegen Plech laufen Ermittlungen im Zusammenhang mit der *Buwog*-Privatisierung, die bei Drucklegung dieses Buches noch nicht abgeschlossen waren. In seinem Büro in Wien gab es eine Hausdurchsuchung. Es gilt die Unschuldsvermutung.

Einer der ganz speziellen Freunde des KHG ist Karlheinz Muhr. Der Finanzfachmann war für die Investmentbank *Lehman Brothers* tätig, als diese 2002 von Grasser den Auftrag erhielt, das Finanzministerium bei der Privatisierung von 60.000 Bundeswohnungen des *Buwog*-Pakets zu beraten. Dabei war das Angebot von *Lehman Brothers* mit zehn Millionen Euro deutlich über den 6,6 Millionen Euro gelegen, zu denen die *Bank-Austria*-Tochter *CA-IB* angeboten hatte. »Mögliches Motiv des Mag. Karl-Heinz Grasser könnte die Freundschaft zu Mag. Karlheinz Muhr gewesen sein«, heißt es dazu im Abschlussbericht der Polizei.

Ein enges Verhältnis hat Karl-Heinz Grasser zeit seines Lebens zu Burckhard Graf (*1939). Zu ihm sagt Grasser sogar »Onkel«. Ihn ernannte Grasser gleich nach seinem Amtsantritt als Finanzminister im Februar 2000 zum Aufsichtsrat der Bundespensionskasse und des Bundesrechnungszentrums. Burckhard Graf gehörte jener *Porsche Cayenne*, mit dem Grassers damalige Noch-Verlobte Natalia Corrales-Diez im Jahr 2005 einen Autounfall baute, der verdächtig nach Selbstmordversuch aussah. Nach seinem Ausscheiden aus der Politik gründete Grasser mit »Onkel Burckhard« die Vermögensberatungsgesellschaft *SMW OG*. Man verwalte das Vermögen eines Österreichers, der namentlich nicht genannt werden wolle, ließen die beiden verlauten.

Zu Grassers Seilschaft wird auch der PR-Berater und Lobbyist Peter Hochegger (*1949) gerechnet. Anders als Meischberger, Rumpold oder Graf stammt er aber nicht aus der »Buberlpartie« oder der Kärnten-Connection, sondern diente sich Grasser erst an, als dieser bereits in der Bundesregierung war. Hochegger machte zwar im Umfeld des Finanzministers gute Geschäfte, dürfte aber persönlich kein so enges Verhältnis zu diesem gehabt haben wie andere Freunde. Dennoch war er im Februar 2007 Partner bei der Gründung der Agentur *Valora Solutions*. Er stieg allerdings schon vor Grasser wieder aus dem Unternehmen aus. Medienberichten zufolge, weil der Ex-Minister zu wenige potente Kunden an Land zog. Seit damals soll zwischen Grasser und Hochegger Funkstille herrschen. »Hochegger war nie mein Freund«, sagte Grasser vor Gericht bei jenem Verfahren aus, das er gegen seinen Ex-Mitarbeiter Michael Ramprecht wegen übler Nachrede angestrengt hatte.

Hochegger hat anders als Grassers sonstige Freunde keinen blauen Stallgeruch. Lange Zeit achtete er darauf, mit der FPÖ nicht allzu sehr in Berührung zu kommen. Walter Meischberger soll Ende der Neunzigerjahre sogar Hausverbot in der PR-Agentur *Hochegger/Com* gehabt haben, die Hochegger gemeinsam mit seinem jüngeren Bruder Paul, einem bekennenden Sozialdemokraten, gegründet hatte. Das hing wohl auch damit zusammen, dass die Hocheggers damals lukrative Aufträge aus SPÖ-geführten Ministerien erhielten. Was sich nach dem Regierungseintritt der FPÖ im Jahr 2000 aber schlagartig änderte. Zu Hocheggers Kunden gehörten die *Immofinanz*, die im Zusammenhang mit der *Buwog*-Affäre Schlagzeilen machte, die *Telekom Austria*, der Baukonzern *Porr* und die *ÖBB*. Für das Finanzministerium organisierte er eine 2,4 Millionen Euro teure Roadshow, mit der Grasser die Segnungen seiner Politik in der Provinz bekannt machen wollte. In Summe soll er in den vergangenen zehn Jahren 60 Millionen Euro im Umfeld der Politik und (halb)öffentlichen Unternehmen kassiert haben. Ob und wie viel davon an Politiker und Parteien weiterfloss, interessiert Justiz, Medien und die Opposition aus der Zeit der beiden Schüssel-Regierungen.

Hochegger ist in die *Buwog*-Affäre verwickelt, bei der er gemeinsam mit Meischberger 9,6 Millionen Euro kassierte. Allerdings blieben ihm davon nur 20 Prozent, 1,9 Millionen. Am Rande ist er auch in die *Skylink*-Affäre involviert, bei der es darum geht, dass die Kosten eines neuen Terminals für den Wiener Flughafen von geplanten 400 auf 890 Millionen Euro explodierten. Hochegger war 1999 kurz vor dem Start des Projekts vom politisch besetzten Vorstand des Wiener Flughafens als Kommunikationsberater engagiert worden. Von der *Telekom* kassierte er über einen Zeitraum von zehn Jahren insgesamt 25 Millionen Euro an

Honoraren. Eigentümervertreter des nur zum Teil privatisierten Konzerns war von 2000 bis 2007 Karl-Heinz Grasser. Dessen bester Freund Walter Meischberger wurde von Hochegger als Subunternehmer engagiert. Hintergrund: Der SPÖ-lastige ehemalige Staatsbetrieb wollte einen guten Draht zur Regierung, den »Meischi« legen sollte. Dieser soll dafür 900.000 Euro kassiert haben.

Eine Untersuchung, die interne Revisoren der *Telekom* gemeinsam mit externen Wirtschaftsprüfern durchführten, kam Mitte 2011 zu dem Schluss, Hochegger könnte von 2004 bis 2008 gut neun Millionen Euro für 16 Scheingeschäfte kassiert haben – es gilt die Unschuldsvermutung. Zu den Hintergründen dieser möglichen Scheingeschäfte ermittelt seit 2010 die Staatsanwaltschaft Wien. Der Verdacht liegt nahe, die Zahlungen könnten etwas mit Kursmanipulationen zu tun haben, in die ehemalige *Telekom*-Manager und -Mitarbeiter verwickelt sein sollen, mit fragwürdigen Zahlungen an ehemalige BZÖ-Politiker und mit illegaler Parteienfinanzierung. So notierte der ehemalige *Telekom*-Finanzvorstand und Kronzeuge der Justiz in der *Telekom*-Affäre Gernot Schieszler in seinem Tagebuch, das später bei einer Hausdurchsuchung beschlagnahmt wurde: »Der Vorstand besticht die Politik via Hochegger.« Es gilt die Unschuldsvermutung. Bei der *Telekom*-Affäre handelt es sich quasi um ein »Abfallprodukt« des *Buwog*-Verfahrens. Denn erst durch dieses wurden die möglichen Scheingeschäfte aufgedeckt. Die *Telekom* hat sich dem Verfahren als Privatbeteiligte angeschlossen und fordert von Hochegger die neun Millionen Euro zurück. Dieser hatte sich schon im Herbst 2009 wegen seiner Verstrickung in die *Buwog*-Affäre aus der gemeinsamen Firma mit seinem Bruder zurückgezogen. Das Unternehmen wurde wegen des belasteten Namens in *Q-COM* umbenannt.

Eine zentrale Rolle im Wirtschaftsleben des KHG und in dessen Finanzstrafverfahren nimmt Steuerberater Peter Haunold ein. Dieser ist österreichischer Partner und Geschäftsführer von *Deloitte*. Der Konzern mit Sitz in New York gehört mit weltweit 170.000 Mitarbeitern zu den fünf größten Wirtschaftsprüfungs-

und -beratungsunternehmen und hat in mehr als 140 Ländern rechtlich selbstständige und weitgehend unabhängige Unternehmen, die jedoch quasi über ein Franchisesystem à la *McDonald's* unter einer einheitlichen Corporate Identity agieren. Haunold ist seit 1996 bei *Deloitte* tätig und Experte für Konzernsteuerrecht und Immobilien. Er ist der Erfinder jenes komplexen Geflechts von Stiftungen in Liechtenstein und Gesellschaften in Wien, auf Zypern und den Britsh Virgin Islands, das Grasser in den Geruch der Steuerhinterziehung brachte. Dieses Stiftungsmodell sollte, so zitierte der *Falter* aus Haunolds Aussagen gegenüber der Justiz, Grassers Altersversorgung dienen, eine »Abschirmung gegenüber potenziellen Risiken aus einem unternehmerischen Engagement« bieten und, der wichtigste Punkt, eine »weitgehende Diskretion der Struktur gegenüber der Öffentlichkeit« ermöglichen. Haunold sagte aus, er habe Grasser nur das empfohlen, was er allen vermögenden Kunden ans Herz legt: den Finanzplatz Liechtenstein. Neben Grassers Wohnsitzen und Büro ließ die Staatsanwaltschaft im Mai 2011 auch Haunolds Büro durchsuchen und beschlagnahmte zahlreiche Akten.

Ein guter Freund Grassers war zumindest für einige Jahre Bankier Julius Lindbergh Meinl V. (*1959). Mit diesem und dem ehemaligen *Verbund*-Generaldirektor Hans Haider (*1942) gab der Ex-Finanzminister nach seinem Ausscheiden aus der Politik die Gründung des Investmentfonds *Meinl International Power (MIP)* bekannt. Meinl stammt zwar aus einer alten österreichischen Unternehmerdynastie, die ihren Sitz in Wien hat, ist aber britischer Staatsbürger. 1999 verkaufte er die Lebensmittel-Handelskette *Meinl* bis auf das Gourmet-Geschäft am Graben in Wien an *Billa*, *Spar* und *Delhaize* und konzentrierte sich ganz auf das Bankgeschäft, dessen Leitung er schon 1983 übernommen hatte. Sein erklärtes Ziel: Die 1969 gekaufte *Meinl Bank* sollte zu einer Privat- und Investmentbank angelsächsischer Prägung werden.

Julius Meinl V. pflegte mit Grasser bereits persönliche Kontakte, als dieser noch Finanzminister und damit oberster Vertreter der Bankenaufsicht war. Wohl deshalb haben die beiden diese

Verbindung nicht an die große Glocke gehängt. Der Kraftwerksfonds *MIP* hatte einen miserablen Start und sollte sich auch später nicht besser entwickeln. Als Meinl im Zusammenhang mit der Affäre um den Immobilienfonds *Meinl European Land (MEL)*, mit dem Grasser nichts zu tun hatte, verhaftet wurde, beendete der Ex-Finanzminister die geschäftlichen Kontakte zu Meinl. Wie weit es noch private Verbindungen gibt, ist nicht bekannt. Die Staatsanwaltschaft Wien ermittelt gegen Meinl weiterhin wegen des Verdachts des Anlegerbetrugs und der Untreue. Es gilt die Unschuldsvermutung.

Ein Naheverhältnis entwickelte Grasser auch zu Universitätsprofessor Herbert Kofler (*1949). Der Oberösterreicher lehrt seit 1986 Betriebswirtschaft in Klagenfurt. Bei ihm schrieb Grasser seine Diplomarbeit. Nebenbei ist der Professor als Steuerberater tätig und hat zahlreiche Privatbetriebe und öffentliche Unternehmen als Kunden. Grasser wollte bei ihm während seiner Zeit als Finanzminister auch eine Doktorarbeit schreiben, die allerdings unvollendet blieb. Dafür machte Kofler Karriere: Grasser ernannte ihn 2002 als Vertreter der Bundesregierung zum Mitglied im Generalrat (Aufsichtsrat) der *Österreichischen Nationalbank (OeNB)*, was in akademischen Kreisen einiges Kopfschütteln auslöste. Kofler blieb bis 2007 im Generalrat der *OeNB* und wurde 2004 auch Leiter der Steuerreformkommission, die unter seinem Doktoranden Grasser in den Jahren 2004/05 eine zweiteilige Steuerreform ausarbeitete, die mit einem Volumen von drei Milliarden Euro die damals umfangreichste in der Zweiten Republik war. Und Kofler wurde Aufsichtsratspräsident der *Austria Wirtschaftsservice Gesellschaft (AWS)*. Dabei handelt es sich um eine Bank, die zu 100 Prozent im Besitz des Bundes ist und die Förderungen der öffentlichen Hand an die Wirtschaft abwickelt.

10.
Wie Karl-Heinz Grasser tickt

Grasser stammt aus einem »guten Stall«, wie man in England sagen würde. Seine Eltern bauten in Kärnten einen florierenden Handel mit Wagen der britischen Nobelmarke *Jaguar* auf. Dabei waren sie aber nicht Importeure, was ein noch lukrativeres Geschäft bedeutet hätte, sondern »nur« sogenannte B-Autohändler, die vom nationalen Importeur beziehen mussten, der wiederum in Salzburg saß. Luxus und Glamour gehörten dennoch seit seiner Geburt zur Welt des KHG. Im Betrieb der Eltern verdiente er sich während des Betriebswirtschaftsstudiums sein Taschengeld und seine ersten Sporen. Wirtschaftliche Probleme waren dem späteren Finanzminister in seiner Kindheit und Jugend fremd.

Dazu kam eine vergleichsweise gehobene soziale Stellung, an die KHG von Anfang an gewohnt war. Die Grassers waren und sind in Kärnten jemand. Allerdings will das nicht allzu viel heißen. Kärnten hat abgesehen von der Postkartenidylle seiner Seen wirtschaftlich wenig zu bieten. Die Zahl der Kärntner, die außerhalb ihrer Heimat Karriere gemacht haben, ist daher extrem groß. Grasser selbst fühlte sich in der Provinz offensichtlich wohl. Während viele Jugendliche den Beginn eines Studiums nutzen, um die heimatlichen Gefilde zu verlassen, entschied er sich für ein Studium an der Universität Klagenfurt. Diese war erst 1970 gegründet worden und genoss zu Grassers Studienzeiten nicht gerade den Ruf einer Elite-Bildungseinrichtung.

Geprägt wurde Grasser auch durch das politische Engagement seiner Eltern. Diese bekannten sich öffentlich zur in Kärnten betont deutschnationalen FPÖ, deren Landesobmann ab 1983 Jörg Haider war. Sie öffneten ihrem Sohn auch die Türen in die Politik.

DAS SUPERSTAR-SYNDROM

So seltsam es sich angesichts des bisher Geschriebenen auf den ersten Blick auch liest: Ich bin fest davon überzeugt, dass Grasser keine Lügen auftischt, wenn er auf seine »supersaubere Weste« verweist und alle Vorwürfe gegen ihn entrüstet als Attacke einer Neid- und Jagdgesellschaft zurückweist, die ihn schon seit seinen erfolgreichen Zeiten als Finanzminister verfolge. Denn zu einer Lüge gehört das, was Juristen »subjektive Tatseite« nennen. Nur wer absichtlich die Unwahrheit sagt, lügt auch tatsächlich. Und ich glaube, dass Grasser wirklich von dem überzeugt ist, was er sagt. Das macht ihn in den Augen vieler – allen voran der *Kronen Zeitung* – noch immer so glaubwürdig.

Wie kann eine solche Diskrepanz zwischen den objektiv vorliegenden Fakten und der subjektiven Empfindung entstehen? Grasser war Musterschüler, studierte in Mindestdauer, war mit 24 Jahren Generalsekretär der Bundes-FPÖ, mit 25 jüngster Landeshauptmann-Stellvertreter der österreichischen Geschichte, mit 29 Manager in einem internationalen Konzern und mit 31 Jahren jüngster Finanzminister. Die bei Weitem meiste Zeit seines Lebens war er, der Sohn aus gutem Hause aus der Provinz, das Wunderkind, umgeben von Menschen, die ihm das auch immer sagten. Anfangs waren es seine Eltern und Familie, dann Freunde, Günstlinge und Kriecher. Für ihn und seine Freunde war fast alles möglich: die eine oder andere Golfpartie unter der Woche während der Arbeitszeit, Ausflüge und Urlaube auf Kosten von freundlichen Unternehmern, Auftritte bei Glamour-Partys und vor allem: kräftige Gewinne aus öffentlichen Geschäften.

Grasser stieg vom Sohn eines regional angesehenen Unternehmers in den Olymp der heimischen Finanzwelt auf und genoss es, statt mit einem geliehenen *Jaguar* seines Vaters nun plötzlich mit Privatjets unterwegs zu sein. Ex-Nationalrat und Staatssekretär Eduard Mainoni (FPÖ/BZÖ) meint dazu: »Wenn man sein gesamtes Persönlichkeitsprofil betrachtet, ist es ihm zuzutrauen, dass er durchaus bereit war, Grenzen zu überschreiten, damit er in die obersten Kreise der heimischen Wirtschaft und Finanz aufsteigen konnte. Ob es darum ging, sich selbst zu bereichern, kann ich nicht sagen. Sicher handelte er, um sich zu profilieren, um elitär zu sein.« In dieselbe Kerbe schlug in einem *profil*-Interview auch der ehemalige Dritte Nationalratspräsident Thomas Prinzhorn (FPÖ), der einst als Förderer Grassers galt. Nun sagt er, das Problem des Ex-Ministers sei »die Eitelkeit, der Wunsch, um jeden Preis dabei zu sein«, gewesen. Grasser sei ein »Showman«, der »ab einem bestimmten Punkt in einer Gesellschaft verkehrte, die ihn zu falschen Dingen verleitet hat«.

Auch in der Bundesregierung agierte Grasser immer abgehoben und spielte den Superstar, wie sich Eduard Mainoni erinnert: »Als er noch bei der FPÖ war, kam er so gut wie nie zu den Klubsitzungen, während Leute wie Herbert Haupt *(Sozialminister – Anm. d. Verf.)* bei jeder Klubsitzung waren und nie den Kontakt zu den Parlamentariern verloren. Wenn Grasser einmal kam, dann hieß es schon im Vorhinein: Heute ist er da, er hat aber nur eine halbe Stunde Zeit. Dann erklärte er kurz etwas und verschwand dann sofort wieder. Meine Wahrnehmung als Staatsekretär war, dass Grasser in einer eigenen Liga spielte. Er unterhielt sich nur mit dem Bundeskanzler und maximal noch mit Thomas Prinzhorn *(von der FPÖ-Seite – Anm. d. Verf.)*, der ja der ›Ausleger‹ zur Industrie war und überall offene Tore fand, einfach weil er Industrieller und Nationalratspräsident war. Ansonsten war Grasser für uns nicht erreichbar. Er genoss diesen Status als Superstar und nutzte ihn auch weidlich aus. Der Karl-Heinz stand immer über den Dingen.« So war es für Grasser trotz eines erklärten Sparkurses kein Problem, die bislang biedere Kantine des Finanzministeriums ab April 2004 vom Cateringservice des Star- und Haubenkochs Toni Mörwald beliefern zu lassen. Eine Ausschreibung dafür hatte es im Vorfeld natürlich nicht gegeben. Er beteilige sich prinzipiell nicht an solchen Vergabeverfahren, ließ der Meisterkoch wissen: »Wenn man uns will, engagiert man uns.«

»G'schichteln« wie diese und kleinere Affären wie die Aufregung um seine Homepage konnten Grasser nicht ernsthaft schaden, werfen aber dennoch ein bezeichnendes Licht auf seine Persönlichkeitsstruktur. Der Finanzminister wurde angehimmelt, von manchen Medien hoch gelobt und zum (Society)Star der Politik stilisiert, vor allem von der *Krone*. Auch bei Menschen, denen Eitelkeit ferner liegt als KHG, würde das Spuren hinterlassen. Da kann es dann schon sein, dass das »Wunderkind« eine eigene Sicht der Welt entwickelt, in der es nicht nur im Mittelpunkt steht, sondern auch über gewisse Sonderrechte verfügt. Dazu kommt, was Mainoni seinem Ex-Parteifreund attestiert: »Er hat das, was jeder Politiker in einem gewissen Sinne haben sollte, ganz ausgeprägt: eine Profilierungssucht.«

So erinnert sich der Ex-Staatssekretär noch gut an den Opernball 2006: Vor dem Ball hatte *Sacher*-Chefin Elisabeth Gürtler-Mauthner die Mitglieder der Bundesregierung zu einem Abendessen im ersten Stock ihres noblen Hotels eingeladen. Während alle inklusive dem Bundeskanzler pünktlich waren, erschien Grasser »mit angemessener Verspätung«: »Wir waren schon bei der Hauptspeise, als er mit Fiona kam. Er setzte sich natürlich an den Tisch des Kanzlers, etwas anderes wäre gar nicht infrage gekommen. Dann stand er plötzlich vor allen auf, zündete sich eine Zigarette an und gab sie seiner Frau. Das heißt, er war auch in den Einzelaktionen immer besonders exaltiert.« Auf der Stiege des Opernhauses gab es dann einen riesigen Medienwirbel, als Grasser und Fiona die Oper betraten. »Es war, als ob der amerikanische Präsident erscheinen würde«, erinnert sich Mainoni. »Das hat ihm natürlich gefallen und gefällt ihm bis heute.«

DAS ZIEL VON SPOTT UND HOHN

Der Wunsch, bei allen beliebt zu sein, und der fixe Glaube daran, man werde von den meisten tatsächlich gemocht und verdiene das selbstverständlich auch, kann dazu führen, dass Realität und Wahrnehmung bisweilen getrennte Wege gehen. Ein solches Selbstbild erklärt auch den Auftritt Grassers in der *ORF*-Talkrunde *Im Zentrum*, bei der er jenen mittlerweile legendär gewordenen Fanbrief vorlas, auf den auch der Titel dieses Buches anspielt. »Sehr geehrter Herr Minister!«, schrieb die Dame, »Sie sind für diese abscheuliche Neidgesellschaft zu jung als Finanzminister gewesen, zu intelligent, zu gut ausgebildet, aus zu gutem, wohlhabendem Haus, zu schön *(und dabei hob er kurz den Zeigefinger der linken Hand, um die Aussage zu unterstreichen – Anm. d. Verf.)* und – was für alles der Punkt auf dem ›i‹ ist – auch noch mit einer schönen und reichen Frau verheiratet. So viel Glück darf ein einzelner Mensch einfach nicht haben. Da muss man etwas dagegen tun. Es ist wirklich traurig.« Schon als Grasser diesen Brief live im Fernsehen vorlas, gab es Gelächter im Publikum und Schmunzeln auf dem Podium. Er selbst lehnte sich nach dem Zitat selbstgefällig zurück und glaubte offenbar tatsächlich, gerade etwas ungemein Intelligentes zu seiner Verteidigung unternommen zu haben.

Spätestens zu diesem Zeitpunkt war KHG in den Augen vieler zur absoluten Witzfigur geworden und wurde fortan noch mehr zum Ziel beißenden Spotts, als er das schon zuvor gewesen war. Im sozialen Netzwerk *Twitter* tauchten unter der Bezeichnung »grassermovies« Vorschläge für Filmtitel auf wie »Schüssels Werk und Grassers Beitrag«, »Im weißen Westl am Wörthersee«, »Der buwogte Mann«, »Spiel mir das Lied von der Unschuldsvermutung«, »Liebling, ich habe die Anleger geschrumpft«, »Alles, was Sie schon immer über Stiftungen wissen wollten, aber bisher nicht zu fragen wagten«, »The Good, the Bad and the Supersauber« oder »Die fabelhafte Welt der Amnesie«.

Grasser sei zu »fön«, um wahr zu sein, höhnte die Tageszeitung ÖSTERREICH angesichts der immer länger werdenden Haare und machte den Ex-Finanzminister in einer Sonntagsbeilage als »Österreicher(in)« der Woche lächerlich. Das Frauenmagazin *Madonna*, das zur ÖSTERREICH-Gruppe gehört, brachte T-Shirts mit der Aufschrift »zu schön, zu jung, zu intelligent« oder »Was war eigentlich meine Leistung?« auf den Markt. Grünen-Nationalrat Peter Pilz erklärte, auch er würde Grasser gerne einen Brief schicken. Nachsatz: »Ich mach das erst, wenn die Adresse lautet:

Landesgerichtsstraße, Untersuchungshaft. Da bin ich gerne bereit, einen Trostbrief zu schreiben.« Und da sich Grasser *Im Zentrum* auch über die »parteipolitisch motivierte Jagdgesellschaft« beschwert hatte, präsentierten sich die Grünen-Nationalräte Werner Kogler, Gabriela Moser und Peter Pilz auf der Homepage *www.gruene.at/khkassa* im Weidmannskostüm und rechneten ironisch, aber gnadenlos mit »Karl Heinz Kassa« ab.

Grasser selbst hat die einzig wirksame Waffe gegen Spott, Hohn und Ironie: Er ignoriert sie und lässt sie demonstrativ von sich abprallen – zumindest nach außen hin. Wie es in ihm wirklich aussieht, weiß nur er allein. Wenn man es so sehen will, gäbe sein bisheriges Leben einen guten Stoff für eine klassische Tragödie ab: Der kometenhafte Aufstieg und tiefe Fall eines tragischen Helden, der letztlich an seinem Erfolg zerbrach bzw. an der offensichtlichen Unfähigkeit, mit diesem umzugehen. »Er ist sich seiner Rolle nicht bewusst, die er jetzt in der Öffentlichkeit abgibt«, glaubt Ex-Staatssekretär Eduard Mainoni. »In seiner Umgebung werden ihm weiterhin alle sagen, wie wichtig und toll er ist. Und für ihn ist wichtig, dass er einfach medial vorkommt. Er lebt immer noch in seiner subjektiven Wahrnehmung, dass er ein hervorragender Politiker war und als Finanzminister alles richtig gemacht hat.«

DAS JUSTIZOPFER

Grasser ist seit einer ersten anonymen Anzeige im September 2007, die im Zusammenhang mit seiner Tätigkeit für den *Meinl*-Fonds *MIP* stand, fast durchgehend im Visier der Staatsanwaltschaft. Auch während seiner Amtszeit als Finanzminister gab es bereits Ermittlungen in der Homepage-Affäre. Dieser Status ist alles andere als lustig. Jahrelang das Damoklesschwert einer Anklage über sich schweben zu sehen ist weder für das private Wohlbefinden noch für die berufliche Karriere förderlich. Daher kommt der »beste Finanzminister aller Zeiten« seit seinem Bruch mit Meinl karrieremäßig auch nicht mehr auf die Beine.

»Vor Gericht und auf See ist man in Gottes Hand«, sagt der Volksmund. Grasser unternimmt daher alles, dass es erst gar nicht zu einem Prozess kommt. Seine wichtigste Strategie in seinem öffentlichen Kampf gegen die Justiz ist das Einnehmen einer Opferrolle. Dazu sucht er die Nähe seiner alten Freunde vom Boulevard, die ihn einst schon als Finanzminister medial gut bedient hatten: Am Tag der großen Hausdurchsuchung gab er der *Kronen Zeitung* exklusiv ein Interview. Völlig unkommentiert durfte er etwa sagen: »Ich habe nichts zu verstecken. Mein Eindruck ist, dass man hier versucht, mir um jeden Preis etwas anzuhängen.« Den massiven Auftritt der Justiz erklärte er sich mit »einer offensichtlich parteipolitisch motivierten Racheaktion«: »Vielleicht war es ein Fehler, dass ich überhaupt Finanzminister geworden bin. Oder vielleicht war es ein Fehler, wenn ich Wolfgang Schüssel zu seinem Wahlerfolg verholfen habe. Das verzeihen einem in diesem Land einige offenbar niemals.« Für ihn steht fest: »Ich habe hier kein faires Verfahren.« Ähnlich argumentiert übrigens auch immer Italiens Ministerpräsident Silvio Berlusconi, wenn er wegen seiner Korruptions- und Sexaffären wieder einmal ins Visier der Justiz gerät.

Die zweite Strategie ist die Fortsetzung der Opferrolle: Grasser präsentiert sich als treu sorgender Vater und Ehemann, der seine Familie vor den Angriffen der Justiz und der Medien schützen müsse. So sei das dubiose Stiftungsgeflecht ein Vorschlag seines Steuerberaters gewesen. »Es ging dabei um die Vorsorge für meine Familie«, erklärte er der *Krone*. Die Hausdurchsuchungen in seinen Wohnsitzen und Büros bezeichnete er bei einer Pressekonferenz zum »Amtsmissbrauch« und kündigte an: »Ich werde wie ein Löwe für die Rechte meiner Familie kämpfen.« Für Grasser-Kenner Eduard Mainoni passen Aussagen wie diese perfekt ins Gesamtbild des KHG: »Das ist Kalkül: Wenn man sich ganz vorne in die Öffentlichkeit stellt, wenn man ständig Pressekonferenzen hält und erklärt, wie supersauber man ist, wird es extrem schwierig für die ermittelnden Behörden, etwas Konkretes festzumachen. Da bedarf es einer doppelt abgesicherten Beweislage, um jemanden wirklich belangen zu können.«

11.
KHG und die Frauen

»Ich kenne zwei homosexuelle Tiroler, die glaubhaft behaupten, mit Grasser Sex gehabt zu haben.« Ich kann mich noch gut an ein informelles Gespräch mit einem Journalistenkollegen erinnern, bei dem es um die sexuelle Orientierung des damaligen Finanzministers ging. Seit dem raschen politischen Aufstieg machten immer wieder Gerüchte über eine angebliche homophile Neigung Grassers die Runde. Gespeist wurden diese anfangs natürlich von Jörg Haiders mutmaßlicher Homosexualität, die im Zusammenhang mit der »Buberlpartie« seit den späten Achtzigerjahren immer wieder inoffizielles Thema war. Später beflügelte wohl auch das betont gepflegte Auftreten des Ministers manchen Koch aus der Gerüchteküche. Mehr als Gerüchte gab es jedoch nie. Auch der erwähnte Journalistenkollege bzw. dessen Informanten blieben den Nachweis für Grassers homophile Neigung schuldig.

Um es klarzustellen: Selbst wenn an diesen Gerüchten etwas dran wäre, wäre es schlichtweg egal. Die österreichische Gesellschaft ist zum Glück längst über jene Zeiten hinweg, in denen die sexuelle Orientierung eines Menschen eine zentrale Rolle spielte. Was Grassers Liebesleben angeht, so erscheinen die Gerüchte angesichts der Tatsachen, die bekannt wurden, als pure Fantasie seiner vielen Feinde. Als Beleg, dass der Ex-Finanzminister ausschließlich Frauen liebt, mag auch seine enge Freundschaft mit Walter Meischberger gelten. Der hatte in seiner aktiven Zeit als Politiker in der FPÖ einen Ruf als Supermacho und war dafür bekannt, dass er sich ständig mit seinen schnellen Autos und Frauengeschichten brüstete.

FRÜHE EHE UND RASCHE VERLOBUNG

Was trotz der unzähligen Berichte über Grassers Privatleben nicht allgemein bekannt ist: Der langjährige Wunsch-Schwiegersohn zahlloser Österreicherinnen war bereits vor der Eheschließung mit Fiona Pacifico-Griffini verheiratet. Seine erste Hochzeit fand im Jahr 1998 statt: Die Braut des damals 29-jährigen Jungmanagers bei *Magna* war dessen langjährige Jugendfreundin aus Kärnten. Die Ehe wurde aber nur sieben Monate nach der Trauung wieder geschieden. In der FPÖ machten damals Gerüchte über die angebliche Untreue der Gattin die Runde.

Am Beginn seiner Zeit als Finanzminister war Grasser dann längere Zeit mit der Wiener Wirtschaftsanwältin Beate Sumper (*1971) liiert, was bereits Thema von Society-Berichten war. Grassers Freundin galt so wie er als Shootingstar ihrer Zunft und war bereits mit 29 Jahren Teilhaberin einer angesehenen Kanzlei. Mit ihr bewohnte Grasser eine 150 Quadratmeter große Wohnung im dritten Wiener Bezirk. Die Rede war bereits von Ehe und Kinderwunsch. Ende Dezember 2003 zog die Lebensgefährtin dann aber für die Öffentlichkeit völlig überraschend aus. »Die Beate ist zwar beruflich ehrgeizig. Aber andererseits sehr bereit, dies dem Privatleben unterzuordnen. Diese Bereitschaft hat sie beim Karl-Heinz zusehends vermisst. Wie lange soll sie noch warten, wenn sie tatsächlich Familie haben möchte? Sie hat sich diese schmerzliche Entscheidung sicher nicht leicht gemacht«, zitierte *News* eine Vertraute der frisch gebackenen Grasser-Ex.

Grasser war aber kein Kind von Traurigkeit. Er tröstete sich rasch und verlobte sich nur acht Monate später, im August 2004, offiziell zum zweiten Mal in seinem Leben: dieses Mal mit Natalia Corrales-Diez (*1977), der Tochter eines argentinischen Diplomaten. Diese hatte nach einem Betriebswirtschaftsstudium 2003 ihre Karriere als Praktikantin im Finanzministerium begonnen. Recht schnell wurde sie in den persönlichen Freundeskreis des Ministers aufgenommen und war so häufig an dessen Seite zu sehen, dass der Running Gag die Runde machte, Grasser habe sich wohl Bill Clinton zum Vorbild genommen. Regelmäßige Essen mit Walter Meischberger und PR-Mann Peter Hochegger seien ebenso auf der Tagesordnung gestanden wie gemeinsame Besuche in Kärnten, weiß die Tageszeitung ÖSTERREICH zu berichten. Die Verlobung kam wie gesagt rasch, die Hochzeit wurde für Mai 2005 angesetzt. Der fesche KHG und seine bildhübsche Natalia waren die Lieblinge der *Kronen Zeitung* und Dauergäste in den diversen Klatschspalten.

DER RASCHE AUFSTIEG DER EX-VERLOBTEN

Der geplanten Hochzeit kam allerdings Fiona Pacifico-Griffini (*1965) dazwischen, besser bekannt als Fiona Swarovski. Man sei nur gut befreundet, ließen sowohl KHG als auch Fiona anfangs verlauten. Die Geschichte lehrt, dass das schlichtweg gelogen war. Bevor die beiden allerdings offiziell ein Paar wurden, gab es am 16. März 2005 einen mysteriösen Autounfall: Die damals noch offizielle Verlobte des Finanzministers krachte auf der Favoritenstraße im gleichnamigen Wiener Bezirk mit einem *Porsche Cayenne* auf trockener Straße frontal gegen den einzigen Baum weit und breit. Der Wagen war übrigens ausgeborgt gewesen und gehörte Grassers Nenn-Onkel Burckhard Graf. »Für uns ist das ein ganz normaler Unfall«, beeilte sich die Polizei zu betonen. Die junge Frau sei wohl zu schnell unterwegs gewesen, hieß es.

Allerdings ließen und lassen einige Umstände die Geschehnisse in einem etwas seltsamen Licht erscheinen. So fehlte im fünfseitigen Bericht der Polizeibeamten, die den Unfall aufgenommen hatten, jeglicher Hinweis auf Bremsspuren. Und just am Tag vor dem Unfall war *News* mit einer Grasser-Titelstory erschienen. Darin hieß es, Fiona Swarovski habe zugegeben, sie liebe Grasser schon seit drei Jahren und werde »mit diesem Mann die nächsten 20 Jahre zusammen sein«. Illustriert wurde die Geschichte mit dem Foto eines Kusses zwischen Fiona und KHG, das auf dem Pariser Flughafen Charles de Gaulle aufgenommen worden war und aus dem Handy einer Wiener Schülergruppe stammen soll. Grasser und Fiona hatten damals offenbar ein Liebeswochenende in Paris verbracht. Für die Veröffentlichung des Bildes wurde *News* später zu einer Entschädigung von 7000 Euro verurteilt, weil die Zeitschrift Grassers »höchst persönlichen Lebensbereich verletzt und ihn öffentlich bloßgestellt« habe, wie es in der Urteilsbegründung hieß. Angesichts der Umstände halten sich hartnäckig Gerüchte, der Unfall der heißblütigen Natalia Corrales-Diez könnte auch ein Selbstmordversuch gewesen sein.

Nur einen Monat nach dem Vorfall lösten der Finanzminister und die Diplomatentochter ihre Verbindung »einvernehmlich« auf. Danach soll es keinen persönlichen Kontakt mehr gegeben haben. Während Grasser das erste Wochenende nach der Trennung nun auch öffentlich mit Fiona in deren Villa auf Capri verbrachte, gab seine Verflossene im *profil* ein Interview: »Wir sind uns sehr nahe gestanden und hatten eine sehr schöne Zeit. Jetzt muss ich meinen Schmerz annehmen. Daraus lernt man und wächst weiter. Natürlich tut es weh.« *News* verriet sie in einem Interview, das sie später nie gegeben haben will, obwohl es Fotos von dem Gespräch gibt: »Als ich mein Brautkleid kurz vor der geplanten Trauung zurückbringen musste, habe ich geweint.«

Grassers nunmehriger Ex-Verlobten sollte die Trennung zumindest beruflich nicht zum Nachteil gereichen. Die junge Dame, deren größte berufliche Erfahrung bis dahin ein Praktikum im Finanzministerium ihres Verlobten gewesen war, wurde wenige Wochen vor Grassers Hochzeit mit Fiona im Herbst 2005 bei der UNIDO aufgenommen, der UN-Organisation für industrielle Entwicklung. Einem Aufnahmeverfahren für den attraktiven Job, der sie fast umgehend nach Peking – und damit weit weg von KHG – führte, musste sich die damals 28-Jährige nicht stellen. Dafür gab's als Gehalt, das vom österreichischen Außenministerium bezahlt wurde, mehr als 36.000 Euro netto im Jahr – exklusive Zulagen und sonstiger Vergünstigungen.

Im Sommer 2006 folgte dann gleich der nächste Aufstieg: Natalia Corrales-Diez wurde zur offiziellen österreichischen

Vertreterin bei der Inter-Amerikanischen Entwicklungsbank in Washington bestellt. Sie war auf einem Dreiervorschlag, den Beamte im Finanzministerium erstellt hatten, »zufällig« auf Platz eins gelandet. Grasser konnte demnach fast nicht anders, als seiner Ex-Verlobten den Job zu geben. Im November 2006 wurde dann im Untersuchungsausschuss des Nationalrats zu diversen Bankenskandalen bekannt, dass Grassers Ex-Verlobte bereits am Beginn ihrer Praktikantentätigkeit im Finanzministerium als Staatskommissärin, sprich: als Organ der Finanzmarktaufsicht des Finanzministeriums, in die *Immorent Bank GmbH* entsandt worden war. »Welchem Förderprogramm hat Corrales-Diez zu verantworten, dass sie zur Staatskommissärin ernannt wurde?«, fragte Grünen-Nationalrat Werner Kogler im U-Ausschuss. Sie habe ein Universitätsstudium und eine Postgraduate-Ausbildung vorzuweisen, begründete Grasser die Entsendung der damaligen Praktikantin. »Zum Zeitpunkt, wo Frau Corrales-Diez mit mir privat zusammengekommen ist, hat sie ihre Tätigkeit im Finanzministerium und als Staatskommissarin beendet. Ich bin für sehr klare Verhältnisse.«

Für das damalige Verhältnis zwischen Grasser und Natalia Corrales-Diez interessierte sich ab Mitte 2010 auch die Justiz. Schließlich war die Ex-Verlobte in der Zeit, als es um die *Buwog*-Privatisierung ging, stets an der Seite von KHG, Meischberger und Hochegger gewesen. Laut *ÖSTERREICH* wurde sie von der Staatsanwaltschaft zu ihrem »speziellen Wissen« einvernommen: »Die Ermittler wollen nun wissen: Wie viel hat sie vom *Buwog*-Deal mitbekommen? Ein Konto Grassers hat den klingenden Namen ›Natalie‹. Zufällige Namensgleichheit?«

LA FIONA

»In meiner Beziehung zu Karl-Heinz Grasser hat die Liebe gesiegt. Trotzdem habe ich mich schuldig gefühlt, ich wollte mich aus Rücksicht auf seine Verlobte zurückziehen«, sagte Fiona Swarovski, kurz nachdem die Beziehung der beiden öffentlich geworden war, in einem Interview mit der italienischen Tageszeitung *Corriere della Sera*. Die Kristall-Erbin und der Minister hatten sich bei einem ihrer zahlreichen Society-Auftritte kennen und lieben gelernt. Das Wochenende in Paris, bei dem das erwähnte Foto entstanden war, sei das erste Treffen mit Grasser allein gewesen, so Fiona. »Es war wie ein Blitz.« Die extrovertierte Kristall-Erbin passte zum Society-Minister wie der Deckel auf den Topf: Mit ihrem aufwendigen, hedonistischen Lebensstil und ihren zahlreichen Affären ist »La Fiona«, wie sie von italienischen Medien genannt wird, schon seit mehr als 20 Jahren Dauergast in den Schlagzeilen der internationalen Boulevardpresse – kein Wunder: Sie spricht fünf Sprachen und besitzt neben der österreichischen Staatsbürgerschaft auch einen italienischen und einen schweizerischen Pass.

In erster Ehe war sie mit dem Schweizer Finanzexperten Giovanni Mahler verheiratet. Ehemann Nummer zwei war der Italiener Andrea Pacifico Griffini. Mit ihm hat Fiona ihre beiden älteren Kinder Arturo und Nicholas, die in den Jahren 1992 und 1995 zur Welt kamen. Die 2002 geborene Tochter Tayla stammt aus einer Verbindung mit dem italienischen Finanzmanager John Balzarini. Danach gab es noch kürzere Beziehungen mit dem Formel-1-Manager und Parade-Playboy Flavio Briatore und dem Unternehmer Florian Haffa. Als sie KHG näherkam, sei sie eine freie Frau gewesen, erklärte »La Fiona« dem *Corriere della Sera*. »Und dies zum ersten Mal in meinem Leben über ein Jahr lang.«

Wo immer Fiona auftritt, wird sie von Fotografen und Kameraleuten verfolgt und belagert. Sie ist der absolute Star der Familie Swarovski. Dabei hieß sie eigentlich nie Swarovski. Geboren wurde sie als Fiona Winter – ihre Eltern sind Marina Giori-Lhota und Philipp Winter. Als sie mit Grasser zusammenkam, lautete ihr Nachname Pacifico Griffini, was sich aus dem davor erfolgten zweimaligen Wechsel der Ehemänner erklärt. In der Vergangenheit gab es wiederholt Schlagzeilen und innerhalb der Familie böses Blut, weil Fiona in den Medien immer Swarovski genannt wurde. Letztlich war aber nur ihre Großmutter mütterlicherseits, Gertrude Langes, eine geborene Swarovski. Berichte machten die Runde, einige der lieben Verwandten möchten ihr verbieten, den Namen zu führen. Denn die Marke *Swarovski* gilt in der Familie als heilig. Zudem gefährde Fiona mit ihrer ständigen Medienpräsenz die Sicherheit der anderen Familienmitglieder, hieß es.

Anfangs ließ Fiona den Medien über ihr engstes Umfeld ausrichten, sie könne über »diese lächerliche Diskussion« nur den Kopf schütteln. Im Übrigen nenne sie sich selbst offiziell niemals Swarovski. Das würden Zeitungen und Medien immer gegen ihren Willen tun. Allerdings sind mir keine Gegendarstellungen der Kristall-Erbin bekannt. Society-Journalisten erzählen hingegen, Fiona habe sich noch nie dagegen gewehrt, wenn sie mit Swarovski angesprochen wurde. Der *Kurier* machte sich 2006 sogar daran, die Namensverwirrung offiziell zu klären, und erhielt von einer Sprecherin die Auskunft: »Ihr offizieller Name ist Winter-Swarovski, mit Bindestrich. Es ist uns auch verboten, einen anderen Namen zu benutzen. Frau Swarovski wird böse, wenn man nicht diesen Namen benutzt.« Seit Anfang 2009 lässt sich »La Fiona« aber nicht mehr Swarovski nennen. Grund dafür ist laut Medienberichten ein Rechtsgutachten, das ihre Verwandten hatten erstellen lassen und das ihr die Verwendung des Namens schlichtweg verbieten soll.

Dabei ist Fionas im Jahr 1942 geborene Mutter Marina Giori-Lhota die Schwester des langjährigen *Swarovski*-Patriarchen Gernot Langes-Swarovski (*1943). Sie hält mit 13,9 Prozent nach ihrem Bruder auch die meisten Anteile am Familienunternehmen. Fiona stammt damit aus der einflussreichsten Linie der Kristall-Dynastie, dem Alfred-Zweig. Dieser geht auf den jüngsten Sohn von Clan-Begründer Daniel Swarovski (1862–1956) zurück, der drei Söhne hatte: Wilhelm (1888–1962), Fritz (1890–1961) und eben Alfred (1891–1960). Dessen Stamm hat die wenigsten Nachkommen, sodass der ursprüngliche Anteil weitgehend zusammenblieb. Fiona wird sich das Vermögen ihrer Mutter – es geht um rund 600 Millionen Euro – nach deren Ableben mit

ihrer knapp drei Jahre jüngeren Schwester Anouchka Rafail-Vogiatzakis teilen müssen. Diese ist im Gegensatz zur berühmten
Schwester ein weitgehend unbeschriebenes Blatt. Noch ist von
Erben aber keine Rede. Marina Giori-Lhota fühlt sich pudelwohl
und heiratete Ende 2007 im Alter von 64 Jahren den damaligen
österreichischen Honorarkonsul in Deutschland und langjährigen Geschäftsführer des *Automobilclub von Deutschland e. V.* Adalbert Lhota. Karl-Heinz Grasser soll jedenfalls von den *Swarovski*-
Millionen nichts zu Gesicht bekommen. Eingeweihte wollen von
einem strengen Ehevertrag wissen.

Apropos Ehe: Fiona und KHG gaben einander am 22. Oktober
2005 das Jawort – nur ein halbes Jahr, nachdem Grasser die Verlobung mit Natalia Corrales-Diez gelöst hatte. Die Hochzeit fand
in der malerischen Wachau statt, genauer: in Weißenkirchen, inmitten von Weinterrassen, die auf sanften Hügeln angelegt wurden, und vor einem alten Bildstock mit einem Mariengemälde,
der seitdem im Volksmund nur mehr »Grasser-Marterl« genannt
wird. Um sich an diesem romantischen Ort trauen lassen zu können, hatte sich der Finanzminister eigens, aber dennoch nur pro
forma einen ordentlichen Wohnsitz in der Gemeinde zugelegt.
Nach dem Ringtausch unter freiem Himmel gab es eine Segnung
in der kleinen Kirche. Eine kirchliche Hochzeit war nicht möglich. Denn für die Braut war es wie erwähnt bereits die dritte
Hochzeit und auch der Bräutigam war bereits einmal verheiratet
gewesen. Dennoch sei es für ihn »der schönste Tag in meinem
Leben« gewesen, wie er betonte.

Während der standesamtlichen Hochzeit, die vor dem Ringtausch im örtlichen Gemeindeamt stattgefunden hatte, kreiste
eine Maschine der *Flying Bulls*, der privaten Flugzeugflotte von
Red-Bull-Gründer Dietrich Mateschitz, über dem Gebäude und
warf kleine Überraschungen ab. Der Ort der Trauung war im Vorfeld behandelt worden wie ein Staatsgeheimnis: Die prominenten
Gäste aus Politik, Wirtschaft und Jetset wurden ins noble *Hotel
Sacher* an der Wiener Ringstraße gebeten und erst dort per SMS
informiert, wo die Hochzeit stattfinden sollte. Im Stile eines Le-

Mans-Starts ging es dann ab in die Limousinen und Sportwagen und direkt in die Wachau.

DER MUSTERGATTE

Die Hochzeit zwischen der Kristall-Erbin und dem Finanzminister, Society-Politiker und Wunsch-Schwiegersohn der Nation war in Österreich *das* Society-Event des Jahres. Mit den gemeinsamen öffentlichen Auftritten und den tiefen Einblicken in sein Privatleben wurde das Ehepaar Swarovski-Grasser zum heimischen Glamour-Paar schlechthin. Langsam, aber stetig vollzog sich auch ein Wandel im Äußeren des Ministers. »Fiona hat aus dem immer schon eitlen, aber eher faden Kärntner Kaufmannssohn endgültig eine männliche Barbiepuppe gemacht und ihn entsprechend von Kopf bis Fuß durchgestylt«, ätzte die *Schwäbische Zeitung* über die Beziehung. »Meine Frau hat mir eine neue Welt eröffnet«, sagt Grasser selbst.

Dabei kann es im Hause Grasser-Swarovski bisweilen ganz schön heiß hergehen, wie Fiona in einem Interview mit dem *Seitenblicke Magazin* einmal verriet: »Mein Mann ist sehr kontrolliert in seinen Emotionen. Sicher kann er sich auch echauffieren, nicht dass Sie jetzt glauben, er ist ein Schäfchen. Aber er hat mich noch nie beschimpft. Das gab's noch nie, dass er sagt, mei, ›Du blöde Kuh‹ oder so. Ich sag schon einmal ›Du Trottel‹, aber ich mein's ja nicht so. Bei mir muss das raus.« So wie sie zuvor schon ihr wildes Jetset-Leben öffentlich zur Schau stellte, präsentiert Fiona auch ihr zumindest nach außen hin intaktes Familienglück. Wie es in der Beziehung tatsächlich aussieht, wissen nur wenige Eingeweihte. Wie in jeder Ehe dürfte aber auch bei den Grassers nicht immer alles eitel Wonne und Sonnenschein sein. So gab es im Jahr 2010 Gerüchte um eine mögliche Trennung. KHG soll deswegen sogar schon seinen Anwalt kontaktiert haben. Insider berichten, Fiona würde generell ständig die Dominanz der Dame ausspielen, während Grasser ihr bei jeder Gelegenheit öffentlich zur Hand geht und schon fast übertrieben lieb und freundlich zu ihr ist. Eben die perfekte Ehe als Teil der medialen Gesamtinszenierung. Diese regt aber auch zu Widerspruch an.

Viel diskutiert wurde etwa über eine erotisch angehauchte Fotoserie, die im Februar 2007 in der deutschen Ausgabe des Lifestylemagazins *Vanity Fair* – auf Deutsch: »Jahrmarkt der Eitelkeit« – erschien. Diese zeigte das Ehepaar nicht nur mit der damals fünfjährigen Tayla, sondern auch den gerade eben erst aus seinem Amt geschiedenen Finanzminister in Modelpose. Auf einem Bild trug der damals 38-Jährige über seinem nackten und durchtrainierten Oberkörper nur ein über die Schultern gehängtes Sakko – in der Hand ein Sektglas, auf dem rechten Handgelenk eine auffallend dicke Kette. Sein wallendes Haar hatte er zu einem Scheitel von links nach rechts geglättet, eine Strähne hing jedoch kess in die Stirn. Die männliche Barbiepuppe war perfekt.

Grasser wollte sich jedoch keine Blöße geben, zumindest nicht auf den Hochglanzseiten von *Vanity Fair*, und kündigte sofort an, gegen die nackten Tatsachen den Rechtsweg beschreiten zu wollen. Begründung: Die Bilder seien bei einem Fotoshooting für die im Monat davor erschienene Ausgabe der italienischen *L'Uomo Vogue* und zum Teil nur für privaten Zwecke gemacht worden, so der damalige Grasser-Sprecher Manfred Lepuschitz. Es habe keinerlei Freigabe dafür gegeben, dass der Ex-Minister auf dem Jahrmarkt der Eitelkeit mit offenem Hemd oder im Bademantel gezeigt werde. »Der Eindruck, dass Grasser eine gemeinsame Story mit *Vanity Fair* gemacht hat, ist falsch«, stellte sein Sprecher klar. Außerdem entsprächen im Artikel verwendete Zitate nicht den Tatsachen. So soll Grasser als Begründung, warum er sich ohne Hemd fotografieren ließ, gemeint haben: »Ich wollte die Welt meiner Frau kennenlernen.«

SCHWIERIGE GEBURT

Das einzige Kind aus der Ehe von KHG und »La Fiona«, ein wunderhübsches Mädchen, kam am 3. September 2007 zur Welt. Es war das österreichische Medienbaby des Jahres. Die Namenssuche war allerdings eine schwierige Angelegenheit: Der Papa war für Aaliya eingetreten, die Mama hatte sich den Namen Schahpari vorgestellt. Geeinigt haben sich die beiden schließlich auf Tara Gertrud – Tara nach einer indischen Göttin, Gertrud nach Fionas verstorbener Großmutter. Erst im Nachhinein verriet Fiona, dass die Aussagen ihres Mannes von einer problemlosen Schwangerschaft leicht geflunkert waren. »Ja, es war eine extrem schwierige Schwangerschaft«, sagte die damals 42-Jährige in einem Interview mit *News*. »Ich bin viel gelegen, habe viel Ruhe gebraucht. Untertags ging es noch, aber ab sieben Uhr abends: Sperre.« Das Paar hatte von Anfang an gewusst, dass es eine Risikoschwangerschaft werden würde – schon davor hatte Fiona alle Kinder per Kaiserschnitt zur Welt gebracht. Bei der Geburt selbst »ging es problemlos, ich wollte eine Vollnarkose. Mir war weder schlecht, noch hatte ich Schmerzen.«

Mehr Schwierigkeiten hatte da schon der stolze Vater: Er fiel nach der Geburt in Ohnmacht und schlug sich beim Sturz auch noch die Lippe blutig. »Als alles vorbei war, wurde mir erst langsam bewusst, was ich da jetzt alles gesehen habe (…) Und ab diesem Moment ging es mir plötzlich nicht mehr gut. Ich habe mir einen Sessel geschnappt und mir überlegt, ob ich die Ärzte informieren sollte. Dann bin ich am Boden liegend aufgewacht. Vor Ort hat man mich noch an der Lippe genäht.« Tara Gertrud hatte bei der Geburt die Staatsbürgerschaft der Mutter, nämlich die der Schweiz, was beim österreichischen Finanzminister als ehelichem Vater etwas seltsam anmutete. Aber auch vom Papa hatte sie etwas mitbekommen. »Sie hat die Haare von Karl-Heinz. Viele Haare. Dunkelblaue Augen. Riesige Füße. Einen großen Mund. Und eine süße kleine Nase«, verriet die stolze Mutter.

Weitere Kinder sind kein Thema, wie Fiona im *Seitenblicke Magazin* erklärte: »Ich würde am liebsten noch zehn Kinder haben, nur kann ich leider nicht mehr, weil ich bei jedem Kind einen Kaiserschnitt hatte – und bereits die letzte Schwangerschaft für mich ein Risiko war. Aber ich habe es für unsere Liebe getan. Ich wollte dieses Kind unbedingt, weil mein Mann ja noch nie ein eigenes hatte. Aber die Ärzte haben gedacht, ich sei komplett verrückt geworden.« Angesichts ihres Hangs zu Kindern war es auch kein Wunder, dass Fiona Anfang 2006 die Schirmherrschaft für den Bau eines Wohnhauses der Kinderhilfs-Organisation *Pro Juventute* in Arnfels (Bezirk Leibnitz, Steiermark) übernommen hatte.

DIE ERFOLGLOSE UNTERNEHMERIN

Obwohl »La Fiona« noch zwei relativ kleine Kinder hat, geht sie auf die Jahre der »Best Ager« zu. Anders als viele Society-Löwinnen will sie aber mit dem Altern kein Problem haben und schwor wiederholt hoch und heilig, sich nie im Leben liften zu lassen. Daher ist es wohl ausschließlich auf ihre gesunde Ernährung und viel Training zurückzuführen, dass sie nach vier Geburten und mit Mitte vierzig immer top aussieht. Beim Schlankbleiben helfen auch Zigaretten: Fiona ist so wie ihr Ehemann Kettenraucherin. Die beiden sind dafür berüchtigt, dass sie Rauchverbote ignorieren, wo immer es geht. Dennoch gibt es so gut wie keine Bilder, die das Society-Paar mit einem Glimmstängel zeigen.

Keine Frage: Fiona Swarovski ist eine Meisterin der Selbstinszenierung, die ihre eigene Marke repräsentiert. Ihre enorm hohe Bekanntheit wollte sie auch wirtschaftlich verwerten und gründete daher 2002 in der Modemetropole Mailand die Designfirma *Fiona Winter Studio*. Interessanterweise verwendete sie dabei ihren Mädchennamen. Die Firma gehörte zu 51 Prozent »La Fiona« selbst, den Rest hielt eine italienische Tochter des *Swarovski*-Konzerns. Neben Geschenkartikeln für den Businessbereich entwarf und produzierte die Kristall-Lady Damenmode, die vor allem mit *Swarovski*-Kristallen geschmückt war – wie sollte es auch anders sein. »Ich entwerfe Kleider, die ich selber gerne tragen würde, sie sollen elegant, leicht und komfortabel sein«, sagte sie einmal. Dabei arbeitete sie mit Designern und Modeschöpfern bekannter Labels wie *Gucci* und *Dolce & Gabbana* zusammen.

Im November 2006 debütierte Fiona auch als Designerin für Innenarchitektur und stellte auf der Luxusmesse in Wien exklusive und sündteure Accessoires aus Kristall, Edelsteinen und Kohlenstofffasern vor, die sie selbst als »Skulpturen für die Wohnung« bezeichnet. Dabei hatte sie sich nach eigenen Angaben von der spanischen Architektenlegende Antoni Gaudí inspirieren lassen. Wie es der Zufall so wollte, wurde sie wenige Wochen darauf für ihre Kreationen mit dem spanischen Kreativitätspreis »Madrid Creatividad« ausgezeichnet. »Kreativität ist das Wichtigste auf der Welt. Ob in der Wirtschaft, in der Kunst oder im Sport: Ohne Kreativität wäre die Welt nicht so, wie sie ist«, sagte sie anlässlich der Bekanntgabe der Preisträger.

Allerdings waren der klingende Name und die Auszeichnung kein Garant für Erfolg: Schon bald wurde hinter den Kulissen gemunkelt, die Kreationen seien wirtschaftlich gesehen ein absoluter Flop. Anfang 2010 kam dann das Aus für das Designstudio: Das Wirtschaftsmagazin *trend* berichtete von geringen Umsätzen und aufgebrauchten Geldreserven des Unternehmens. Fionas Geschäftsführer Boto Deneke betonte hingegen, die Mailänder Firma werde keineswegs aus wirtschaftlichen Gründen geschlossen, sondern weil die Chefin ihren Wohnsitz nach Wien verlegt habe. Dort sei eine Neugründung geplant. Zu dieser ist es freilich bislang nicht gekommen.

Von ihren Verwandten wird Fiona Pacifico Griffini-Grasser nicht zuletzt auch wegen des wirtschaftlichen Flops des gemeinsamen Designstudios bestenfalls geduldet, wohl eher ertragen. Dabei hatte sie 2009 dem Frauenmagazin *Madonna* noch mitgeteilt: »Meine Familie will, dass ich komme, und ich folge dem Ruf.« Sie werde in Zukunft eng mit Konzernsprecher Markus

Langes-Swarovski (*dieser ist ihr Cousin – Anm. d. Verf.*) zusammenarbeiten und ihre Erfahrung als Creative Adviser in das Kristall-Imperium einbringen. Monatelang tat sich nichts. Dann erteilte Markus Langes-Swarovski in ÖSTERREICH seiner Cousine eine gehörige öffentliche Abfuhr: »Mir ist da nix bekannt. Als Gesellschafterin gibt es verschiedene Dinge, wo man mitwirken kann im Unternehmen. Aber ganz konkret im operativen Geschäft ist meines Wissens nichts geplant.«

DIE UNFREIWILLIGE KOMIKERIN

Über sich selbst sagt »La Fiona«: »Mein Job ist nicht der einer Jetset-Lady.« Society-Journalisten wiederum bezeichnen sie als Jetset-Lady par excellence, die es meisterhaft versteht, oberflächlich dahinzuplaudern. Dabei tritt sie aber bisweilen ganz kräftig ins Fettnäpfchen. Und so machte Fiona in jüngerer Vergangenheit immer öfter Schlagzeilen durch unglückliche Wortmeldungen – um es höflich zu formulieren. Das allgemeine Kopfschütteln über die Kristall-Erbin und Grasser-Gattin begann im September 2008 – »zufällig« zu einem Zeitpunkt, als auch der Stern ihres Gatten mit den Kursen des *Meinl*-Fonds *MIP* kräftig im Sinken war. Bei einer »Soirée Fantastique« im Schloss Belvedere in Wien feierte die Society im noblen Ambiente, mit luxuriösem Kopfschmuck ausgestattet und in edle Tücher gehüllt. Der TV-Sender *Puls4* wollte von Fiona wissen, ob denn so viel Luxus angesichts der gerade losgebrochenen Finanzkrise überhaupt zu rechtfertigen sei. Die gelinde gesagt verblüffende Antwort: »Ich bin auch empört, wie teuer das Leben ist. Ich bin auch empört, wie teuer ein Liter Milch ist. Aber Sie müssen nicht vergessen, wir leben zurzeit in einer Weltwirtschaftskrise und es ist viel seriöser, als wir alle denken. Der Dollarpreis ist im Keller, die Ölpreise sind im Himmel.«

Und auf die Frage nach dem Warum antwortete sie: »Was sind die Begründungen? Alles wird teurer. Die Arbeitsplätze werden, sind teurer. Unsere Konkurrenzländer mit Billig-, mit, diese Billigstunden machen uns Konkurrenz. Es ist eine Katastrophe. Es ist eine Weltkatastrophe.« Die Kristall-Erbin, die zu den reichsten Österreicherinnen gehört, hatte auch einen Rat für weniger begüterte Landsleute parat: »Wenn man Platz auf der Terrasse hat, sich seine Gemüse und seinen Salat und seine Tomaten, sich selber auf der Terrasse wachsen lassen.« Logisch, oder? Schließlich hat ganz Österreich seine eigene Terrasse. Auch wenn die wirtschaftlichen Aussichten damals am Beginn der Finanzkrise düster waren, Fiona lieferte dem ganzen Land einen Grund zum Schmunzeln. Er habe sie schon immer für eine der ganz großen Intellektuellen des Landes gehalten, spottete etwa Kabarettist Alfred Dorfer in seinem *Donnerstalk* im ORF-Fernsehen. Die Tageszeitung ÖSTERREICH schrieb: »An wen erinnert das? Ja, an Marie Antoinette. Die Habsburger-Prinzessin empfahl, Kuchen zu essen, wenn das französische Volk kein Brot mehr hat.«

Unfreiwillig zum Brüllen komisch war auch ein Auftritt im Advent 2009: Auf die Frage des Radiosenders Ö3, wie denn ihr Adventkranz aussehe, antwortete La Fiona ganz unschuldig: »Weiß mit Möpsen drauf.« Damit meinte sie selbstverständlich kleine Figuren der in der Society so beliebten Kuschelhunde und nicht etwa weibliche Brüste, wie fast das ganze Land anfangs glaubte. Jedenfalls besang Ö3-Comedy-Hirte Christian Schwab als Karl-Heinz Grasser in einer Comedy den Fiona-Adventkranz, als Refrain wurde Fiona im Original-Ton mit »Weiß mit Möpsen drauf« eingespielt. Der Song wurde binnen Minuten zum Hit im Internet, zwei Fortsetzungen folgten, bevor der Sender das Thema wieder fallen ließ. »Der Gag ist enden wollend, jetzt machen wir wieder was anderes«, sagte eine Sprecherin von Ö3. Eine Intervention der Kristall-Lady soll es nicht gegeben haben. Später besuchten Fiona und KHG von einer TV-Kamera begleitet den Sender und brachten den Adventkranz mit, der für die ORF-Sozialaktion *Licht ins Dunkel* versteigert wurde.

Fiona unternimmt auch alles, um ihren Gatten öffentlich gegen die »Hetzjagd«, wie sie es nennt, in Schutz zu nehmen. Dabei überschreitet sie bisweilen unfreiwillig die Grenzen zur Realsatire. Etwa als sie im *Seitenblicke Magazin* eine Charme-Offensive startete und dabei die aus ihrer Sicht einzige negative Eigenschaft ihres Mannes offenbarte: »Hm, darf ich das sagen? Na ja, was mich fürchterlich stört, ist, wenn er sich so laut schnäuzt im Bad in der Früh.« Und gleichzeitig stellte sie fest, dass ihr Mann gar nichts Verbotenes gemacht haben kann: »Glauben Sie nicht, dass ich etwas mitgekriegt hätte, wenn er etwas getan hätte? Blöd bin ich ja doch nicht. Ich höre ja, wenn er telefoniert. Und ich komme in seinen Computer rein.« Spätestens mit diesem Interview drängte sie sich den Ermittlern als attraktive Zeugin auf.

Tief betroffen zeigte sich Fiona auch über die Hausdurchsuchungen. Gegenüber *News* kündigte sie sogar an, Österreich verlassen zu wollen: »Es ist so eine furchtbare Hetzjagd, die in Österreich stattfindet. Allein wenn ich daran denke, verdirbt mir das den Tag. Ich will mich damit gar nicht beschäftigen.« Weil böse Geister das als Flucht interpretieren könnten, war schon einen (!) Tag später von Auswandern keine Rede mehr. Wieder einmal musste Grassers Anwalt Manfred Ainedter ausrücken, um seine Mandanten zu interpretieren. Es habe gar kein »Interview« gegeben, erklärte er, sondern die Redakteurin habe bei Swarovski angerufen und mit dieser lediglich ein paar Sätze ausgetauscht. Sprich: »La Fiona« hatte wieder einmal munter drauflosgeplaudert, ohne lange darüber nachzudenken, was denn nun eine kluge Antwort wäre.

12.

Die Wohnsitze des Glamour-Paares

Capri, Kitzbühel, die Wiener City und der Wörthersee: Karl-Heinz Grasser und seine Fiona gönnen sich nur das Beste, wenn es um ihre Domizile geht. Als echte Jetsetter verfügen sie über mehrere Wohnsitze, was nicht weiter verwundert. Schließlich haben sie das nötige Kleingeld dazu. Neben den vier eigenen Wohnsitzen verbringt Fiona auch viel Zeit im Haus ihrer Mutter in Basel. Dort nahm ja auch die Geldboten-Affäre ihren Ausgang, als Grasser in seiner Zeit als Finanzminister 500.000 Euro in bar von der Schweiz über die Grenze nach Österreich brachte.

EIN PENTHOUSE IN DER CITY

Ihren Hauptwohnsitz hat die Familie Pacifico Griffini-Grasser in der Wiener City. Im Haus an der Ecke Babenbergerstraße/Burgring hat sich das Glamour-Paar 2008 ein luxuriöses Penthouse eingerichtet. Das Dachgeschoß des fünfstöckigen Gründerzeithauses verfügt über ein auffälliges Glasdach, das den stolzen 600 Quadratmetern Wohnfläche die nötige Helligkeit verleiht. Von seiner Wohnung aus hat Grasser nicht nur einen tollen Blick auf die weltberühmte Ringstraße und den prachtvollen Bau des Kunsthistorischen Museums, der direkt gegenüber liegt, sondern auch auf die Hofburg, die einstige Residenz der österreichischen Kaiser und nunmehriger Amtssitz des Bundespräsidenten. Ironischerweise sieht er aber nur auf die Rückseite des Gebäudes. Dafür ist er selbst vor neugierigen Blicken geschützt. Denn das Penthouse wird durch eine steinerne Brüstung abgeschirmt, die nur erkennen lässt, dass Gattin Fiona sich als Hobbygärtnerin verwirklicht hat. Ein Namensschild sucht man an der Tür übrigens vergeblich: Die Wohnungen sind nur mit Nummern beschriftet. Zum Penthouse gehören weitere 300 Quadratmeter im Keller und ein eigener Swimmingpool.

Zu kaufen gibt es eine solch edle Immobilie nicht einmal für einen Ex-Finanzminister und eine Kristall-Erbin: Laut ÖSTERREICH hat das Ehepaar das Penthouse um geschätzte 30.000 Euro pro Monat nur gemietet. Das gesamte Haus gehört einer Versicherungsgesellschaft – Grasser verfügt aber über das Mietrecht für 90 Jahre, was einem Status als Eigentum schon sehr nahe kommt. Kein Wunder also, dass er und seine Frau viel Geld investierten, um sich ihr Liebesnest über den Dächern der Wiener City ganz nach ihrem Geschmack einzurichten. »Gemütlich muss es sein«, ließ Fiona die Öffentlichkeit wissen. »Beim Einrichten lege ich großen Wert auf natürliche Materialen. Ich liebe zum Beispiel viel Holz.«

Das kostet natürlich: Die Sanierung des Penthouse samt Keller soll 2,7 Millionen Euro verschlungen haben, die Einrichtung eine weitere Million. Wie das Wirtschaftsmagazin *Format* berichtete, habe Grasser den Umbau mit einem Wohnbaukredit über drei Millionen Euro finanziert, den er bei der *Meinl Bank* aufgenommen hatte. Die Summe schien für ihn kein großes Problem darzustellen. Schließlich deckte er den Kredit innerhalb eines Jahres mit einer einzigen Überweisung von einem Bankkonto bei der *Alpha Rheintal Bank* in der Schweiz ab, für das sich später auch die Finanzpolizei interessieren sollte. Jetzt wird es ein wenig kompliziert: Inhaber des Kontos ist das bereits erwähnte Unternehmen *Levesque Ltd.*, das in Zypern nicht viel mehr als einen Briefkasten vorzuweisen hat. Eigentümer der Briefkastenfirma ist wiederum die *Silverwater*-Stiftung in Liechtenstein, hinter der niemand anderer als Karl-Heinz Grasser steht. Auf das Konto bei der *Alpha Rheintal Bank* sollen in den Jahren 2007 bis 2009 in drei Tranchen insgesamt 3,7 Millionen Euro geflossen sein. Das habe laut *Format* auch Grassers Steuerberater Peter Haunold bei der Befragung durch die österreichischen Finanzbehörden bestätigt.

Zumindest drei Millionen Euro flossen aus der Schweiz weiter auf das Konto des Wiener Unternehmens von Grasser mit dem bezeichnenden Namen *Valuecreation*. Dieses hat seinen Sitz mittlerweile sogar in jenem Penthouse in der Babenbergerstraße, das mit dem Geld aus der Schweiz saniert wurde. Laut Steuerberater Haunold habe es sich bei den Millionen um Werbeleistungen für den Börsengang von *Meinl International Power* im Jahr 2007 gehandelt. Grundlage für die Zahlung sei ein Geheimvertrag gewesen, den Grasser mit – und schon wieder kommt eine Insel ins Spiel – der Tochter der *Meinl Bank* auf Antigua abgeschlossen haben soll. Man habe sich immer »im Rahmen des Rechts bewegt«, teilte die *Meinl Bank* dazu nur knapp mit. Warum der Ex-Finanzminister Millionen von einem Konto in der Schweiz auf eines in Wien transferierte, ist eine Frage, die auch die heimischen Finanzbehörden interessiert. Grasser selbst wollte zu all dem bislang öffentlich nicht Stellung nehmen. Angemerkt muss an dieser Stelle nur werden, dass er den Verdacht stets vehement zurückgewiesen hat, sein kompliziertes Stiftungs- und Firmengeflecht könnte in irgendeinem Zusammenhang mit der Hinterziehung von Einkommensteuer stehen.

VOM LEBEN AUF DEM LAND

Zurück zu den Liebesnestern von KHG und seiner Fiona: Zweitwohnsitz der beiden ist neben dem Penthouse im ersten Wiener Bezirk der Unterhirzinger Hof in Kitzbühel. Um diesen mussten sie jedoch heftig kämpfen, was international Schlagzeilen machte. Fiona hatte das damals frisch modernisierte ehemalige Bauerngut am Schwarzsee von der Mutter eines vermeintlich guten Freundes gemietet: dem Tiroler Holzindustriellen Fritz Klausner, der das drittgrößte Sägewerk Europas betreibt. Ab 2005 begann die Kristall-Erbin den Hof zum Luxusdomizil ausbauen zu lassen, was gar nicht so einfach war. Denn das Haus war ausschließlich als »landwirtschaftliches Wohn- und Betriebsgebäude« gewidmet, was die Nutzung als Luxuswohnstätte für Millionäre eigentlich ausschließen sollte.

In Tirol findet man aber immer einen Weg, wenn man die richtigen Beziehungen hat und vor allem wenn man den Nachnamen Swarovski führt, was Fiona damals noch tat. Das Ehepaar zog ein, die Stadt Kitzbühel widmete Ende 2006 den Hof zum »Wohngebäude im Freiland« um und Designerin Fiona konnte sich richtig austoben: Vom Marmorfußboden bis zu Kristallleuchtern aus dem Hause *Swarovski* gestaltete sie alles neu. »Auf knapp 600 Quadratmetern Wohnfläche bietet sich für Interior-Design-Fans ein Fest fürs Auge«, beschrieb *ÖSTERREICH* das Haus: großzügiges Wohnzimmer mit offenem Kamin, Hightech-Wohnküche, Weinkeller inklusive Saunalandschaft, eine zur Sporthalle umgebaute Scheune und im ersten Stock sechs Zimmer für die Kinder und deren Nanny.

Kaum waren der Behördenstreit ausgestanden und die Umbauarbeiten abgeschlossen, folgte das nächste Ungemach: Im Herbst 2007 wollte Klausner die Mieter aus dem Haus haben, das mittlerweile um einiges mehr wert war als zuvor. Ein Makler schätzte gegenüber der *APA*, Fiona habe den Wert des Hauses von zwei auf sechs Millionen Euro verdreifacht. Kein feiner Zug also vom Vermieter, der sich allerdings im Recht glaubte, da der Mietvertrag nur per Handschlag abgeschlossen worden war. Und was Fiona besonders störte: Über die Kündigung des Mietvertrags hatte Klausner sie kurz nach der Geburt von Tochter Tara Gertrud informiert. »Er hat das der Fiona mitgeteilt, als sie noch im Wochenbett gelegen ist. Kein netter Zeitpunkt«, zitierte die *Presse* den damaligen Sprecher des Ehepaares Grasser-Swarovski Manfred Lepuschitz. Doppelt gemein – nicht nur wegen der Umwidmung, für die das Society-Paar gesorgt hatte. Sondern: »Die Fiona hat sich stark ins Interior Design des Hofes eingebracht«, so ihr Sprecher. Als Hintergrund des unfreundlichen Rauswurfs wurde über Streitigkeiten zwischen Grasser und Klausner spekuliert. Wegen des Wirbels um den Rauswurf musste sogar ein Fotoshooting mit der kleinen Tara Gertrud für die italienische Ausgabe von *Vanity Fair* verschoben werden, das im Unterhirzinger Hof geplant gewesen war.

Im Mai 2008 beendete dann ein außergerichtlicher Vergleich, über dessen Inhalt nichts bekannt ist, den Mietrechtsstreit. Zuvor hatte Fiona zwei Millionen Euro zurückgefordert, die sie in den Umbau des Hauses investiert hatte. Das dürfte Klausner sein Nachgeben erleichtert haben. Die Grassers durften also bleiben und konnten die bereits ausgerufene Suche nach einer neuen, ansprechenden Bleibe in Kitzbühel mit mindestens 2000 Quadratmetern Grund, 500 Quadratmetern Wohnfläche und fünf bis sechs Schlafzimmern wieder abblasen. An der Freude darüber ließ Fiona fortan auch alle Kitzbüheler teilhaben. Jedes Jahr zu Weihnachten taucht sie »ihren« Hof in ein kitschiges Lichtermeer, wie man es sonst nur aus den USA kennt – leuchtende Rentiere auf dem Balkon inklusive.

DIE GEPLANTE ENTFÜHRUNG DER FIONA S.

Die Meldung schlug 2006 am österreichischen Nationalfeiertag, dem 26. Oktober, ein wie eine Bombe: Um drei Uhr früh war ein Sonderkommando der Polizei vor dem Unterhirzinger Hof vorgefahren, hatte das Anwesen umstellt, die Bewohner geweckt und an einen geheimen Ort in Sicherheit gebracht. Die Polizei berichtete, sie hätte ein Komplott verhindert, dessen Ziel die Entführung von Fiona Swarovski gewesen sei. Eine osteuropäische Bande habe geplant, in den Bauernhof einzudringen, die Kristall-Erbin zu verschleppen und Lösegeld in nicht genannter Höhe zu erpressen.

Der Plan war aufgeflogen, weil ein österreichischer Häftling in der Justizanstalt Innsbruck die Polizei informiert hatte. Der Mann sollte aufgrund seiner Ortskenntnis an dem Coup mitwirken, habe aber aus Angst vor einer weiteren langjährigen Haftstrafe seine Komplizen verraten, ließen die Behörden durchsickern. In den Medien wurde rasch spekuliert, der Informant habe wohl gehofft, mit diesem Tipp seine Freiheit erkaufen zu können. Im

Visier der Bande soll auch der ebenfalls in Kitzbühel residierende Edeldesigner, Ex-Vorstand von *Hugo Boss* und enge Fiona-Freund Werner Baldessarini gewesen sein. Seine Villa hätte offenbar zeitgleich mit der Swarovski-Entführung ausgeräumt werden sollen.

Medien aus aller Welt berichteten groß über das Komplott. In Österreich traten weltpolitische Sensationsthemen wie das zeitgleich stattfindende Tribunal gegen den irakischen Ex-Diktator Saddam Hussein völlig in den Hintergrund. Die Polizei reagierte, wie es in einem solchen Fall von internationaler Tragweite angemessen ist: Sie nahm internationale Ermittlungen auf, ließ aber offen, was das im Detail heißen sollte. Zudem wurde das Promi-Paar rund um die Uhr von Anti-Terror-Cops der Spezialeinheit »Cobra« bewacht.

Nach und nach wurden Hintergründe bekannt, die dem Fall eine etwas andere, skurrile Note verliehen. So betrug die Reaktionszeit der Polizei vom Tipp bis zur Evakuierung des Bauernhofs 13 (!) Tage. Man hatte die Angelegenheit anfangs nicht besonders ernst genommen – zu Recht: Der mutmaßliche Drahtzieher, ein 39-jähriger Rumäne, saß nämlich in Oberösterreich wegen Mordversuchs und mehrerer Einbrüche eine langjährige Haftstrafe ab, als er das Komplott geplant haben soll. Es war daher völlig unklar, wie er die Entführung von Fiona Swarovski und den Einbruch in die Baldessarini-Villa durchführen wollte.

Zweite Frage: Warum sollte der Rumäne einen Österreicher als Komplizen anheuern, der zum geplanten Zeitpunkt der Taten noch zwei Jahre Haft abzusitzen hatte? »Das Ganze ist unstimmig«, meinte nach einigen Tagen auch ein Sprecher des Bundeskriminalamts. Möglich sei, dass es sich um reine »Gefängnisfantasien« gehandelt habe. Für die Ernsthaftigkeit des Komplotts sprach aber wiederum, dass die Bande bereits Fotos von den Liegenschaften des Promi-Ehepaares in Wien und Tirol und Skizzen der Alarmanlagen angefertigt haben soll. Ob der Plan je funktioniert hätte, bleibt offen. Die Ermittlungen verliefen im Sand und wurden irgendwann stillschweigend eingestellt. Einen Prozess gegen die verhinderten Entführer oder gar ein Urteil gab es nie.

AUFREGUNG AUF CAPRI

Weil das Wetter in Österreich bisweilen alles andere als einladend ist, besitzt *Swarovski*-Erbin Fiona seit Jahren auch eine ansprechende Sommerresidenz auf Capri. Edles Design, Blick auf das Meer, perfekte Innengestaltung – da bleibt kein Wunsch offen. Ihr Sommerhaus hat sie auch wiederholt bereitwillig und stolz den Medien präsentiert. Und damit schien sie die Neugier von Paparazzi geweckt zu haben, für die das Haus zum begehrten Ziel wurde. So veröffentlichte das deutsche Massenblatt *Bild* im Mai 2006 teilweise unkenntlich gemachte Fotos, die das damals noch relativ junge Ehepaar beim Turteln auf der Terrasse der Capri-Villa zeigten. Dazu der eindeutig zweideutige Titel: »Hier sucht die Kristall-Erbin die Kronjuwelen beim Finanzminister.« Wie das Bild entstand, konnte nie geklärt werden. Der Fotograf hatte entweder aus einer Entfernung von mehreren Hundert Metern abgedrückt oder war auf der zweieinhalb Meter hohen Mauer rund um das Grundstück gestanden.

Das Ehepaar zog erbost vor das Wiener Landesgericht und bekam recht: Der Artikel verletze »in noch nie da gewesener Weise« die Intimsphäre des Paares, erkannte Medienrichterin Alexandra Mathes. Die Fotos seien »eine beispiellose Indiskretion« und dienten »ausschließlich der Befriedigung der Neugierde«. Der mediale Angriff sei »unglaublich in Wort und Bild. Mehr geht nicht.« Dementsprechend fiel auch das Urteil aus: *Bild* wurde zu einer Entschädigung von 40.000 Euro verdonnert – für österreichische Verhältnisse ein absoluter Rekordwert und die höchste mögliche Strafe. Das Geld spendete das Paar an karitative Organisationen. Der Anwalt der Zeitung hatte noch um eine »maßvolle Entschädigung« gebeten, von einem »Betriebsunfall« gesprochen, wie er »hie und da« passieren könne, und gemeint: »Wenn solche Fotos existieren, müssen sie veröffentlicht werden.« Wären die Abzüge nicht in *Bild* zu sehen gewesen, »hätte es jemand anderer gemacht«.

VILLA MIT SEEBLICK

Im Frühjahr 2010 wurde durch einen Bericht in der Tageszeitung
ÖSTERREICH bekannt, dass Grasser von nun an auch eine Villa
am Wörthersee zur Verfügung stand. Das im Jahr 1897 errichtete
Gebäude liegt mitten im Ortskern von Maria Wörth und hat einen
eigenen Zugang zum See. Allerdings war das Haus aus der Sicht
Fionas und KHGs alles andere als bezugsfertig, als sie es übernahmen. Sie gaben nämlich erst einmal eine Generalsanierung in
Auftrag und ließen die Villa, zu der früher in einem Nebengebäu-
de auch ein kleines Café als Treffpunkt von Maria Wörth gezählt
hatte, großzügig modernisieren und bauten auch zwei Balkone
an. Nach dem Umbau ermöglichten neue, große Fensterflächen
einen ungestörten Blick direkt auf den See und den Ort. Und das
einst schönbrunngelbe Gebäude war nun weiß. »Eigentlich war
die Villa kein Sanierungsfall. Es ist aber klar, dass die neuen Be-
sitzer sie umbauen«, sagte der Vorbesitzer, der Kärntner Waffen-
händler Helmut Mathe, dessen Familie das Anwesen jahrzehnte-
lang besessen hatte.

Anonymität gibt es in Maria Wörth für das Ehepaar Grasser
mit Sicherheit nicht. Vor dem Gebäude führt ein beliebter Spa-
zierweg vorbei. Und jeder kennt hier den Ex-Finanzminister, der
in dieser Gegend auch einen Teil seiner Kindheit verbracht hat.
Gerüchte am Wörthersee behaupteten sofort, die Villa habe der
Ex-Finanzminister von seinem Vater Karl Grasser geschenkt bekommen. Der wohnt direkt nebenan und stand schon lange in
Kontakt mit dem Vorbesitzer, der das Gerücht gegenüber ÖSTER-
REICH auch bestätigte: »Ich habe mich schon vor Jahren entschieden, das Haus zu verkaufen. Mein erster Weg war natürlich
zu meinem Nachbarn, dem Vater von Karl-Heinz Grasser. Wir
hatten immer ein gutes Verhältnis zueinander. Es war logisch,
dass ich ihn als Erstes frage, ob er Interesse hat«, so Ex-Eigentü-
mer Mathe. Der Verkauf wurde dann 2008 finalisiert. Als Preis
wurden 1,2 Millionen Euro kolportiert. Grasser senior war laut
dem Bürgermeister auch der offizielle Auftraggeber des Umbaus.

Die offenbar kostenlose Wörtherseevilla für KHG und Fiona rief Neider und Spötter auf den Plan: Im Mai 2010 weckte Ö3 seine Hörer wieder einmal mit einer Grasser-Comedy: Stimmenimitatoren rappten als KHG und Fiona zur Melodie des alten Hits »Haus am See« von Peter Fox. »Dieses Haus am Wörthersee habe ich nämlich ganz, ganz selbstständig vom Papa überschrieben bekommen«, lästerte Ö3-Comedy-Hirte Christian Schwab ins Mikro. Seine Kollegin Marion Petric äffte Fiona nach und krächzte »Yeah, Yeah!« im Hintergrund. Das Lied wurde so wie der Möpse-Song innerhalb weniger Stunden zum Internet-Hit.

Offizieller Eigentümer der Villa ist mittlerweile die Liechtensteiner *Silverland*-Stiftung von Grasser jun. Allerdings ist zwischen dieser und dem Haus mit der *Gemain Ltd.* noch ein weiteres Unternehmen zwischengeschaltet, das wiederum im Auftrag der Vermögensverwaltung *SMW OG* agiert, die Grasser jun. mit seinem Nenn-Onkel Burckhard Graf gegründet hatte. Dabei könnte es sich um eine verdeckte Ausschüttung von Geld an Grasser handeln, vermutet die Justiz, was dieser jedoch vehement bestreitet. Seine Erklärung: Seine Stiftung habe in der Zeit der Finanzkrise nur eine gute Veranlagung gesucht. Durch seine Vermittlung habe sich für die Stiftung die Gelegenheit ergeben, die Seevilla zu kaufen. Im Klartext: Grasser hat seiner eigenen Stiftung, also sich selbst, den Kauf der Villa vermittelt, die ihm sein Vater geschenkt haben soll. Wer soll sich da noch auskennen?

Dazu kommt, dass die Villa an Grassers Ehefrau Fiona vermietet ist. Die Miete fließt wiederum an die Grasser-Stiftung in Liechtenstein. Grasser hat sich also nicht nur selbst sein eigenes Haus verkauft, sondern lässt seine Frau dafür auch noch Miete zahlen, die er selbst einnimmt. Das interessiert natürlich auch die Justiz, denn »das alles ist ein Musterbeispiel für internationalen Steuerbetrug«, zitiert der *Falter* einen Insider des Falles. Es gilt wie schon so oft in diesem Buch die Unschuldsvermutung. Grassers Anwalt Manfred Ainedter erklärte der Tageszeitung ÖSTERREICH dazu, Grasser habe für die Villa nur ein Nutzungsrecht, jeder könne das Gebäude mieten.

»Dieser Badehosen-Minister war eine Fehlbesetzung«

Der ehemalige Bundeskanzler und Finanzminister Franz Vranitzky (SPÖ) über Karl-Heinz Grasser.

*Wie beurteilen Sie als ehemaliger Finanzminister und Bundeskanzler
mit dem Abstand einiger Jahre die politische Leistung von Karl-Heinz
Grasser als Finanzminister?*
FRANZ VRANITZKY: Er war die »fehlste« aller Fehlbesetzungen der
zurückliegenden Jahre.

Das klingt sehr hart. Wie begründen Sie das?
FRANZ VRANITZKY: Das kann ich vielfach begründen. Die Lebensqua-
lität der Menschen in einer entwickelten Gesellschaft bestimmt
maßgeblich der soziale Zusammenhalt. Dieser ist dann gegeben,
wenn sich ein Großteil der Bürger in den Handlungen der Politiker
wiederfindet. Grasser ließ auch nicht annähernd erkennen, dass
ihm der soziale Ausgleich zwischen den gesellschaftlichen Grup-
pierungen ein politisches Anliegen war. Seine bis zum Überdruss
geäußerte Betonung der heilenden Kräfte des Marktes erwies und
erweist sich als verhängnisvoller und politisch verantwortungslo-
ser Irrweg. Außerdem hat er sich immer hingestellt und vom Nulldefizit geredet. Dieses Nulldefizit hat aber nie stattgefunden. Im
Jahr 2001 sagte er im Parlament: »Ein guter Tag beginnt mit einem sanierten Budget.« Dazu muss man wissen, dass er drei Sün-
den begangen hat. Erstens hat er die Reserven der Nationalbank
ausgeräumt und über eine überdimensionierte und bis dato noch
nie stattgefundene Gewinnabführung an den Bund Milliarden ab-
geschöpft. Zweitens hat er den Familienlasten-Ausgleichsfonds in
seinen Reserven aufgelöst und dem Budget zugeführt. Der Fonds
ist noch jetzt in einem strukturellen Defizit. Und drittens hat er im
Jahr 2000 in den wirtschaftlichen Abschwung hinein budgetpoli-

tisch restriktiv agiert. Das heißt, er hat die Grundsünde jeder Finanzpolitik begangen, nämlich prozyklisch zu agieren. Er hat damit für Österreich einen Wachstumsverlust in Höhe von 1,5 Prozent gegenüber dem Rest der EU-Staaten bewirkt.

Sie beurteilen ihn also rein politisch?
FRANZ VRANITZKY: All die Geschichten aus seinem Privatleben interessieren mich überhaupt nicht. Sondern mich interessiert der Herr als Wirtschafts- und Finanzpolitiker. Und da schneidet er in meiner Beurteilung eben absolut schlecht ab.

Peter Pilz hat im Interview für dieses Buch gesagt, Schüssel und Grasser hätten mit ihren Privatisierungen das Land ausgeplündert. Sehen Sie das auch so drastisch?
FRANZ VRANITZKY: Ausgeplündert ist ein sehr harter Ausdruck. Ich bin grundsätzlich kein Gegner von Privatisierungen. Aber das Ganze muss natürlich mit Maß und Ziel und im Interesse Österreichs stattfinden. Und da hat Grasser mit *Austria Tabak* und Ähnlichem eindeutig über das Ziel hinausgeschossen. Das war in dieser Form nicht nur nicht notwendig, sondern sogar schlecht.

Sie beurteilen Grasser nur als Politiker. Wenn Sie sehen, was in seinem Umfeld passiert ist, etwa die Zahlung von 9,6 Millionen Euro als Provision im Zusammenhang mit der Buwog*-Privatisierung: Hat er da Dreck am Stecken?*
FRANZ VRANITZKY: Das sind zum Teil gerichtsanhängige Sachen. Ich meine als jemand, der schon in die Jahre gekommen ist, die Himmelpfortgasse *(der Sitz des Finanzministeriums – Anm. d. Verf.)* erfordert eine Grundseriosität des Amtsträgers. Die hat er einfach verschandelt, wie es nur geht. Wenn ich an die großen Finanzminister Österreichs denke – Kamitz, Koren, Androsch, Lacina –, dann passt dieser Badehosen-Finanzminister da einfach nicht dazu. Aus meiner Sicht war er ein Finanzminister der Spaßgesellschaft und glaubte, als solcher die Geschicke der Republik lenken zu können. Ich glaube, er hat gar nicht verstanden, was es bedeu-

tet, ein österreichischer Finanzminister zu sein, was es heißt, im Winterpalais des Prinzen Eugen für diese Republik eine Funktion auszuüben. Er hat nicht verstanden, was es bedeutet, als Finanz- und Wirtschaftspolitiker seriös zu sein.

Peter Westenthaler sagt, die SPÖ gehe nur deshalb so auf Grasser los, weil sie noch immer ein Trauma hat, dass er der erste Finanzminister seit Jahrzehnten war, der nicht der SPÖ angehörte. Hat die SPÖ ein solches Trauma?
FRANZ VRANITZKY: Das ist ein Blödsinn. Die SPÖ hat, was Grasser betrifft, sicherlich kein Trauma. Ich glaube eher, dass der Grasser ein Trauma hat, was die SPÖ betrifft. Zu meiner sehr kritischen und in jeder Hinsicht distanzierten Reaktion auf diesen Menschen muss man ergänzen, dass ihn Bundeskanzler Schüssel nicht nur gewähren ließ, sondern er hat diesen Las-Vegas-Typ auch noch ge- fördert – mit dem Ergebnis der blutigen Nasen für die ÖVP in der Innenpolitik. Eher ist hier das Trauma zu vermuten.

Kurt Kuch hat sein Buch »Land der Diebe« genannt und spielt damit vor allem auf die Ära Schüssel-Grasser an. Wurde oder wird Österreich tatsächlich von politischen Dieben regiert?
FRANZ VRANITZKY: Nein! Österreich wird seit 1945 prinzipiell gut und sicherlich nicht von Dieben regiert. Die »episodiale« Figur Grasser ist nicht geeignet und nicht groß genug, um die Seriosität österreichischer Nachkriegspolitik zu diskreditieren. Es gibt ei- nen griffigen Satz dazu – ich glaube, er ist von Friedrich Schiller: »Zum Heldentum fehlt ihm die Fallhöhe.«

Also steht Grasser in Ihren Augen nicht als Pars pro Toto für den Ge- samtzustand der österreichischen Politik?
FRANZ VRANITZKY: Überhaupt nicht! Wie jede Episode wird auch diese irgendwann wieder vorbei sein. Irgendwann werden sich die Leute vielleicht noch dunkel an Meinl und Jachten erinnern. Zeitgeschichtlich gesprochen deckt Grasser als Politiker schon der erste Novemberschnee wieder zu.

Wie geht es Ihnen als Staatsbürger und ehemaliger Kanzler, wenn Sie die Länge der Verfahren sehen, die sich teilweise über Jahre ziehen und bei denen sich zumindest nach außen hin wenig tut?

FRANZ VRANITZKY: Die verschiedenen Konstruktionen in diesem Finanz- und Investitionsbereich sind sehr komplex. Wahrscheinlich ist es für die Ermittler sehr schwierig, diesen komplexen Konstruktionen auf die Spur zu kommen, weil die Konstrukteure offensichtlich immer die Nase vorne haben und weil sie ihre Netze über die Welt spannen (Liechtenstein, Kanalinseln, Zypern, Karibik ...). Das erschwert die Arbeit aller Ermittler natürlich enorm. Man darf im Rechtsstaat die Objektivität nie verlieren. Entweder die Justiz deckt etwas auf, was diesen verschiedenen Leuten wie Grasser zur Last gelegt werden kann, oder nicht. Wenn sie nichts aufdeckt, dann bin ich nicht jemand, der sagt, sie hat es absichtlich gemacht. Entweder war dann wirklich nichts oder die Konstrukteure haben die Behörden übertölpelt. Ich hoffe, ich bin nicht naiv.

EPILOG
Willkommen im Land der Diebe?

Im Juli 2011 verlangte Grasser formell die Einstellung sämtlicher Verfahren gegen ihn. Im Kern geht es, wie in diesem Buch geschildert, um zwei Fragenkomplexe, die die Justiz zu klären hat. Erstens: Hat Karl-Heinz Grasser die *Buwog*-Privatisierung manipuliert und seinem Freund und Trauzeugen Walter Meischberger die Höhe des Gebots der *CA Immo* verraten? Wenn ja, hat er selbst davon auch finanziell profitiert? Und zweitens: Hat der ehemalige Finanzminister über seine beiden Liechtensteiner Stiftungen und deren ausländische Tochterfirmen Steuern hinterzogen? Grasser selbst hat alle Verdachtsmomente stets vehement zurückgewiesen – auch im Juli 2011, als er die Einstellung aller Verfahren beantragte. Im Zusammenhang mit weiteren Affären wie dem Korruptionsskandal rund um die *Telekom*, der seit Sommer 2011 die Politik beschäftigt, wird Grasser zwar immer wieder genannt, und er ist als ehemaliger Eigentümervertreter auch indirekt involviert, aber er ist kein Beschuldigter im strafrechtlichen Sinn.

Was den Vorwurf des Amtsmissbrauchs im Zusammenhang mit der *Buwog*-Privatisierung betrifft, »rechtfertigt der bestehende Tatverdacht nach Dringlichkeit und Gewicht sowie im Hinblick auf die bisherige Dauer und den Umfang des Ermittlungsverfahrens dessen Fortsetzung nicht«, heißt es in einem Schreiben an die Anklagebehörde, das Rechtsanwalt Manfred Ainedter für seinen Mandanten eingebracht hat. Seit eineinhalb Jahren werde ermittelt, ohne dass die Indizien bisher für eine Anklageerhebung ausgereicht hätten. Eine »Intensivierung des Verdachts« sei auch nicht mehr zu erwarten. »Sämtliche Sachverhalte sind hinreichend geklärt, Ansatzpunkte für erfolgversprechende weitere Ermittlungen liegen nicht vor.« Zum Verdacht der Steuerhinterziehung erklärte Grasser über seinen Anwalt, sein Steuerberater habe das »gesamte Firmenkonstrukt sowie die zugehörigen Verträge und Vereinbarungen in den wesentlichen Teilen entwickelt«. Er habe sich in allen steuerrechtlichen Fragen auf den Rat und die Expertise seines Steuerberaters verlassen, sodass er allenfalls »in einem wohl nicht vorwerfbaren Rechtsirrtum« gehandelt habe.

Bis zur Drucklegung dieses Buches hat die Staatsanwaltschaft Wien auf diesen Antrag Grassers nicht geantwortet, was den Schluss zulässt, dass sie nicht daran denkt, die Ermittlungen gegen den Ex-Finanzminister einzustellen. Für das *Buwog*-Verfahren ist seit dem Spätsommer 2011 nicht mehr die Staatsanwaltschaft Wien zuständig, sondern die Korruptionsstaatsanwaltschaft, die ebenfalls in der Bundeshauptstadt ihren Sitz hat. Hintergrund: Der zuständige Staatsanwalt wechselte in diese Behörde und nahm »seinen« Fall mit, damit es zu keinen weiteren Verzögerungen kommt. So weit die Fakten.

Wie auch immer man zu Grasser und den verschiedenen Ermittlungen gegen ihn steht, Tatsache ist: Er hat durch seine Selbstanzeige an das Finanzamt im November 2010 zugegeben, dass er Steuern hinterzogen hat. Tatsache ist auch: Grasser hat zumindest zweimal öffentlich erklärt, er kenne sich im Steuersystem nicht aus. Zum ersten Mal, nachdem seine Selbstanzeige öffentlich bekannt geworden war. Und zum zweiten Mal mit dem Antrag auf Einstellung aller Verfahren, den er mit einem »nicht vorwerfbaren Rechtsirrtum« begründete. Unabhängig davon, wie die Verfahren gegen ihn ausgehen, bleibt an Grasser damit ein strenger Geruch hängen: Laut eigenen Aussagen war er demnach ein Finanzminister, der aufgrund mangelnder Kompetenz nicht in der Lage war, seine Steuern ordnungsgemäß zu zahlen – ein in der bisherigen Geschichte der Zweiten Republik einmaliges Eingeständnis.

Ob das für seine berufliche Zukunft förderlich sein kann, muss KHG für sich selbst beantworten. Sein öffentlicher Ruf scheint jedenfalls ruiniert zu sein: Anfang Juni 2011 glaubten laut einer Umfrage des renommierten Meinungsforschungsinstituts *OGM* 54 Prozent der Befragten, Grasser habe Steuern in Millionenhöhe hinterzogen. Nur 8 Prozent waren von seiner Unschuld überzeugt, der Rest wollte keine Stellungnahme abgeben. Ende August 2011 fragte das *Humaninstitut* 650 Österreicher: »Welcher Politiker fällt Ihnen als Erstes ein, wenn Sie an Korruption denken?« 46 Prozent nannten ad hoc den Namen Karl-Heinz Grasser.

Laut Kurt Kuch und seinem Bestseller »Land der Diebe« wird Österreich von einer durch und durch korrupten Nomenklatura regiert. Tatsächlich geben die verschiedenen Affären der Ära Schüssel/Grasser und der *Telekom*-Skandal Anlass zur Sorge. Ich teile dennoch Kuchs pessimistische Sicht der Dinge nicht, sondern halte es mit Ex-Kanzler Franz Vranitzky: Mehr oder weniger zwielichtige Figuren hat es in der österreichischen Politik immer gegeben und wird es auch in Zukunft immer geben. Aber Politiker sind nicht automatisch Gauner – insofern haben die Medien als Aufdecker hier besondere Verantwortung. Eine Überbewertung der Affären rund um Grasser würde nämlich auch dazu führen, dass die Politikerverdrossenheit zunimmt, an der dieses Land tatsächlich immer stärker leidet. Gleichzeitig habe ich noch nie so viele gesellschafts- und umweltpolitische Diskussionen geführt wie derzeit. Allerdings vertrauen immer weniger Österreicher ihren Politikern. Dazu tragen natürlich Grasser & Co. bei.

Noch einmal: Die Schlussfolgerung, weil KHG und seine Spezis korrupt sind (es gilt die Unschuldsvermutung), ist die gesamte Politik korrupt, ist völlig unzulässig. Sie ist Ausdruck einer tief sitzenden »Wiener Provinzialität«, einer Haltung, die meint, nur das, was rund um die Bundesregierung und die Speerspitze des österreichischen Journalismus passiere, sei die Realität in Österreich. Man darf aber Grasser und seine Freunde nicht in einen Topf werfen mit den Tausenden Volksvertretern auf Landes- und Gemeindebene, wobei vor allem die Kommunalpolitiker ihre Arbeit zum größten Teil so gut wie ehrenamtlich erledigen. Außerdem handelt es sich bei allen Verdächtigen und Beschuldigten um ehemalige Politiker, auch wenn ein guter Teil der Vorwürfe – zumindest im Fall Grasser – die aktive Zeit betrifft. Derzeit gibt es keine Hinweise, dass führende aktive Politiker in ein breit angelegtes Korruptionsnetz verwickelt sind.

Alle derzeit bekannten Fakten und Vermutungen deuten darauf hin, dass Grasser & Co. das politische System missbraucht haben, um sich selbst zu bereichern. Insofern wäre dieses politische System selbst zum Opfer geworden. Es scheint aber stabil genug zu sein, die teilweise Unterwanderung durch eine offenbar korrupte Gruppe von »Freunderln« zu überstehen, die schon mit der legendären italienischen Freimaurerloge P2 verglichen wird. Die von Florian Klenk im Interview angesprochenen »Selbstreinigungskräfte« arbeiten an einer Aufklärung, die bis auf die letzte noch so verzweigte Wurzel gehen soll. In einem echten »Land der Diebe« wäre das wohl kaum möglich.

Österreich zählt noch immer zu den politisch stabilsten und auch deshalb wirtschaftlich erfolgreichsten Ländern der Welt. Unsere Probleme hätte man in anderen Staaten gerne. Das heißt aber nicht, dass die Gesellschaft nicht ständig daran arbeiten muss, die schwarzen Schafe in der Politik ausfindig und unschädlich zu machen. Oder wie es der deutsche Bürgerrechtler und ehemalige Leiter der Stasi-Unterlagen-Behörde Joachim Gauck anlässlich der Eröffnung der 91. Salzburger Festspiele im Juli 2011 so brillant formulierte: »Wir tun gut daran, weniger nach der vollkommenen Gesellschaft zu trachten, sondern stattdessen in mühseliger Arbeit das Bessere – oder wenn Sie so wollen: das weniger Schlechte – zu gestalten (…) Wir haben nichts Besseres als das nicht vollkommene, aber lernfähige System aus Freiheit, den Menschen- und Bürgerrechten und der Herrschaft des Rechts.«

Ob und wie weit die Justiz die verschiedenen Verdachtsmomente gegen Karl-Heinz Grasser weiter verfolgt und ihn anklagt und eventuell auch verurteilt, wird die Zukunft zeigen. Bis zu einem endgültigen Schuld- oder Freispruch gilt: die Unschuldsvermutung.

DER LEBENSLAUF DES KARL-HEINZ GRASSER

2. Jänner 1969	Geboren in Klagenfurt
1987	Matura mit Auszeichnung
1987–1992	Studium der Angewandten Betriebswirtschafts-lehre in Klagenfurt, Abschluss mit dem Magister-Grad
1989	Beitritt zur FPÖ
1992	Grasser lernt FPÖ-Obmann Jörg Haider kennen und wird politischer Mitarbeiter im Parlaments-klub der FPÖ.
1993	Ernennung zum Geschäftsführer der freiheitli-chen Akademie und zum Generalsekretär der FPÖ
1994–1998	Landeshauptmann-Stellvertreter für die FPÖ in Kärnten unter Landeshauptmann Christof Zer-natto (ÖVP)
Juli 1998	Wechsel in die Privatwirtschaft zu *Magna Interna-tional* und erster Bruch mit Jörg Haider: In einer Pressekonferenz distanziert sich Grasser öffent-lich von seinem Mentor. Seine erste Ehe wird ge-schieden.
4. Februar 2000	Ernennung zum Finanzminister für die FPÖ un-ter Bundeskanzler Wolfgang Schüssel (ÖVP) und Vizekanzlerin Susanne Riess-Passer (FPÖ)
8. September 2002	Rücktritt als Finanzminister nach dem Knittelfel-der Putsch in der FPÖ. Grasser bleibt aber so lan-ge im Amt, bis der Nationalrat neu gewählt und eine neue Regierung gebildet ist.
28. Februar 2003	Angelobung des alten/neuen Finanzministers Karl-Heinz Grasser. Er ist nun parteilos, hat aber Sitz und Stimme im ÖVP-Parteivorstand.
August 2004	Verlobung mit Natalia Corrales-Diez
April 2005	Auflösung der Verlobung mit Natalia Corrales-Diez
22. Oktober 2005	Hochzeit mit Fiona Pacifico Griffini »Swarovski«
9. Jänner 2007	Grasser erklärt seinen endgültigen Rücktritt aus der Bundespolitik.
12. Juni 2007	Grasser, der ehemalige *Verbund*-Vorstandsvorsit-zende Hans Haider und Banker Julius Meinl ge-

	ben die Gründung des Energie-Investmentfonds *Meinl International Power (MIP)* bekannt. Grasser wird Vorstand der in Österreich ansässigen Management-Gesellschaft. Der Fonds selbst hat seinen Sitz auf der britischen Kanalinsel Jersey.
3. September 2007	Geburt von Tochter Tara Gertrud
14. November 2008	Der gesamte Vorstand wird von erbosten *MIP*-Aktionären abgewählt.
April 2009	Nach der Verhaftung von Julius Meinl verkauft Grasser seine Anteile an der *MIP*-Nachfolgegesellschaft und beendet damit offiziell alle Geschäftskontakte zu Meinl.
Juli bis September 2010	Grasser wird ohne sein Wissen von der Justiz überwacht: Seine Handys werden abgehört und seine E-Mails aufgezeichnet.
2. und 8. September 2010	Erste Einvernahmen zur *Buwog*-Affäre
21. Dezember 2010	Die Wiener Stadtzeitung *Falter* veröffentlicht die Protokolle über abgehörte Telefongespräche von Walter Meischberger mit der berühmten Frage »Wo woar mei Leistung?«.
Jänner 2011	Grassers Selbstanzeige an das Finanzamt wird bekannt. Er hatte im November 2010 gestanden, von 1999 bis 2008 Spekulationsgewinne, Zinsen und Dividenden in Höhe von insgesamt knapp 26.000 Euro nicht versteuert zu haben.
Mai 2011	Die »Geldboten-Affäre« wird bekannt: Grasser hatte 2005 in drei Tranchen insgesamt 500.000 Euro in bar »diskret« von der Schweiz nach Österreich eingeführt. Das Geld stammte von seiner späteren Schwiegermutter Marina Giori-Lhota.
26. Mai 2011	Hausdurchsuchungen in allen Wohnsitzen und österreichischen Firmensitzen von Grasser-Unternehmen
Juli 2011	Karl-Heinz Grasser fordert die Einstellung aller Strafverfahren gegen ihn. Die Staatsanwaltschaft reagiert nicht.

PERSONENREGISTER

Ainedter, Manfred 8 f., 94, 97, 99,
  103, 121–125, 129, 131 f., 136,
  185, 194, 199
Alderman, Richard 112
Androsch, Hannes 196
Ausserwinkler, Michael 22

Baldessarini, Werner 191
Balzarini, John 175
Bandion-Ortner, Claudia 54, 96, 98
Bergner, Klaus-Dieter 106 f.
Berlin, Tilo 117 f., 123
Berlusconi, Silvio 8, 169
Böhmdorfer, Dieter 114
Briatore, Flavio 175

Chirac, Jacques 31
Christoph & Lollo (= Christoph
  Drexler und Lorenz Pichler)
  8, 62
Clinton, Bill 172
Corrales-Diez, Natalia 42, 152, 158,
  171, 173 f., 177, 203

Darabos, Norbert 105
Deneke, Boto 182
Denk, Gerald 123
Dichand, Christoph 152
Dichand, Hans 152
Doralt, Werner 121
Dorfer, Alfred 184
Dorscheid, Peter 136
Dutroux, Marc 31

Edlinger, Rudolf 83

Faymann, Werner 57
Ferrero-Waldner, Benita 33

Fiedler, Franz 124
Filzmaier, Peter 34
Fischer, Heinz 43
Flick, Friedrich Karl 116
Flöttl, Wolfgang jun. 48
Forstinger, Monika 22, 94
Fox, Peter 194
Freunschlag, Jörg 23
Fussenegger, Markus 54, 93

Gates, Bill 82
Gauck, Joachim 202
Gaudí, Antoni 182
Giori-Lhota, Marina 90, 118,
  123–127, 175 ff., 186, 204
Gorbach, Hubert 9, 57
Gottschalk, Thomas 7
Graf, Burckhard 158, 172, 194
Grasser, Artur 163
Grasser, Karl 83, 193
Grasser, Tara Gertrud 116, 129, 180,
  189, 204
Gürtler-Mauthner, Elisabeth 166
Gusenbauer, Alfred 31, 43, 46
Guttenberg, Karl-Theodor zu
  134 f.

Haffa, Florian 175
Haider, Hans 48 ff., 53, 161, 203
Haider, Jörg 7, 20–28, 30 ff., 37–41,
  47, 56, 88, 104, 106, 140, 142 f.,
  149 ff., 153, 155 ff., 163, 170, 203
Haring, Hans-Dieter 50
Haslhofer, Norbert 93
Haunold, Peter 115, 127, 130,
  160 f., 187 f.
Haupt, Herbert 23, 41, 165
Havranek, Thomas 55

Hochegger, Paul 159
Hochegger, Peter 23, 46 f., 83, 86, 89,
    91 ff., 130, 156, 158 ff., 172, 174
Hussein, Saddam 191

Jandl, Dieter 83

Kabas, Hilmar 32, 38
Kachelmann, Jörg 132
Kamitz, Reinhard 196
Karl, Beatrix 62
Khol, Andreas 29, 44, 151
Kinigadner, Heinz 155
Kinski, Klaus 9
Klausner, Fritz 188 ff.
Kleindienst, Josef 88
Kleiner, Fritz 55
Klenk, Florian 97, 139–143, 147, 202
Klestil, Thomas 30, 32, 151
Klima, Viktor 30
Koch, Herbert 117
Kofler, Herbert 135, 137 f., 162
Kogler, Werner 168, 174
Koller, Andreas 9
Koren, Stephan 196
Kreuzer, Franz 137
Krüger, Michael 37
Kuch, Kurt 88 f., 197, 201

Lacina, Ferdinand 196
Lande, Gianfranco 107
Langes, Gertrude 176
Langes-Swarovski, Gernot 176
Langes-Swarovski, Markus 182 f.
Lepuschitz, Manfred 179, 189
Lhota, Adalbert 177

Mahler, Giovanni 175
Mainoni, Eduard 32, 150, 152, 155,
    157, 164 ff., 168 f.
Mair, Klaus 155

Marie Antoinette 184
Mateschitz, Dietrich 154 f., 177
Mathe, Helmut 193
Mathes, Alexandra 192
Matznetter, Christoph 44
Maurer, Thomas 97 f.
Mayer, Christian 85
Mayer, Heinz 97 f., 147
Meinl, Julius Lindbergh V. 48,
    50–55, 86, 150, 161 f., 168, 197,
    203 f.
Meischberger, Walter 21, 46, 86,
    89–93, 95–99, 110, 130, 141,
    150, 155–160, 170, 172, 174, 199,
    204
Mensdorff-Pouilly, Alfons 110 ff.
Merkel, Angela 135
Molterer, Wilhelm 44
Montesquieu 39
Mörwald, Toni 165
Moser, Gabriela 93, 96 f., 125, 168
Muhr, Karlheinz 100, 102 f., 152,
    158

Netrebko, Anna 7

Pacifico Griffini, Andrea 175
Pacifico Griffini, Arturo 175
Pacifico Griffini, Nicholas 127, 175
Pacifico Griffini, Tayla 175, 179
Pacifico Griffini-Grasser, Fiona
    (auch: Fiona Swarovski) 7 ff.,
    94, 116, 125, 127, 129, 152, 154,
    156, 166, 171–178, 180–194, 203
Palfrader, Robert 97 f.
Pelinka, Anton 138
Petric, Marion 194
Petrikovics, Karl 88, 91
Petzner, Stefan 32
Piëch, Ferdinand 117
Piëch, Ferdinand K. 117

Pilz, Peter 61–64, 111, 127, 167 f., 196
Plattner, Alfred 106 f.
Plech, Ernst Karl 85, 93, 96 f., 99, 101, 155, 157
Prinzhorn, Thomas 32, 48, 151, 165
Pröll, Erwin 44
Proschofsky, Alexander 53

Radlegger, Wolfgang 41
Rafail-Vogiatzakis, Anouchka 177
Ramprecht, Michael 93, 95, 101 f., 159
Rasinger, Wilhelm 50
Rauch-Kallat, Maria 110
Reichhold, Mathias 9, 22 ff., 26, 41, 57
Requat, Klaus 102 f.
Riess-Passer, Susanne 17, 23, 30, 34–41, 151, 203
Rudas, Andreas 153
Rumpold, Erika 110, 157
Rumpold, Gernot 110, 156 ff.

Scheibner, Herbert 9, 21, 57, 105 f., 109 f.
Scheuba, Florian 97 f., 147 ff.
Scheuch, Uwe 39, 141
Schieszler, Gernot 160
Schiller, Friedrich 197
Schleswig-Holstein, Christoph Prinz zu 117
Schmid, Michael 94
Schmidt-Chiari, Guido 117
Schnabl, Jürgen 157
Schön, Walter 106 f.
Schrott, Erwin 7
Schüssel, Wolfgang 15, 17, 30, 35, 37 f., 40 f., 43 f., 46 f., 57, 61, 63, 94, 119, 150 ff., 159, 167, 169, 196 f., 201, 203
Schwab, Christian 184, 194

Schwarzkopf, Oliver Marc 117
Sickl, Elisabeth 23
Sorger, Veit 117
Stadler, Ewald 38
Stauder, Markus 155
Steger, Norbert 38
Stöger, Peter 155
Strache, Heinz-Christian 41, 56 ff., 143
Strasser, Ernst 9, 57, 141
Stronach, Frank (eigentlich: Franz Strohsack) 23, 25 ff., 41, 47, 106, 109, 150, 153
Strutz, Martin 39
Stummvoll, Günter 121
Sumper, Beate 171
Swarovski, Alfred 176
Swarovski, Daniel 176
Swarovski, Fritz 176
Swarovski, Wilhelm 176

Thurnher, Ingrid 114
Turnauer, Herbert 88
Turnauer, Stanislaus 117

Vecesy, Thomas 107
Vranitzky, Franz 24, 195–198, 201

Weber, Stefan 134
Weinzierl, Peter 54
Weirather, Harti 117
Weißmann, Georg 84
Westenthaler, Peter 10, 15–19, 32, 37, 41, 63, 150, 197
Wicki, Norbert 90
Winkler, Matthias 81 f.
Winter, Philipp 175
Wolf, Siegfried 153

Zernatto, Christof 21 f., 203
Zilk, Helmut 47 f.

Bildnachweis

S. 65: CA / APA / picturedesk.com
S. 66 oben: Gert Eggenberger / APA / picturedesk.com
S. 66 unten: Robert Jäger / APA / picturedesk.com
S. 67 oben: Gert Eggenberger / APA / picturedesk.com
S. 67 unten: Herbert Pfarrhofer / APA / picturedesk.com
S. 68: Jaeger Robert / APA / picturedesk.com
S. 69: Alexander Tuma / Tuma Alexander / picturedesk.com
S. 70: Franz Neumayr
S. 71: GÜNTER ARTINGER / APA / picturedesk.com
s. 72: MARKUS BERINGER / APA / picturedesk.com
S. 73: Ali Schafler / First Look / picturedesk.com
S. 74: TOPPRESS AUSTRIA / APA / picturedesk.com
S. 75: Guenter R. Artinger / APA / picturedesk.com
s. 76 oben: Franz Neumayr / picturedesk.com
S. 76 unten: Rita Newman / APA / picturedesk.com
S. 77 oben: Heinz Tesarek / SBM / picturedesk.com
S. 77 unten: Mike Vogl – Pressefoto Neumayr / picturedesk.com
S. 78: ROLAND SCHLAGER / APA / picturedesk.com
S. 79: ROLAND SCHLAGER / APA / picturedesk.com
S. 80: GEORG HOCHMUTH / APA / picturedesk.com